Vorwort

Die vorliegende Arbeit wurde im Wintersemester 2013/2014 von der Rechtswissenschaftlichen Fakultät der Christian-Albrechts-Universität zu Kiel als Dissertation angenommen.

Ganz herzlich danke ich meinem Doktorvater Prof. Dr. iur. Stefan Smid dafür, dass er mein Interesse am Insolvenzrecht geweckt und mich während der Erstellung meiner Arbeit so exzellent betreut hat.

Ich bedanke mich ebenfalls bei Prof. em. Dr. iur. Werner Schubert für die zügige Erstellung des Zweitgutachtens.

Bei meinen ehemaligen Kollegen am Lehrstuhl möchte ich mich für die schöne Zeit und die gute Zusammenarbeit bedanken. Im Besonderen danke ich Bettina Klein für Schaffung eines stets schönen Arbeitsklimas.

Zu tiefem Dank bin ich meiner Familie verpflichtet, auf deren Unterstützung ich immer zählen kann.

Meinem guten Freund Kai Ensenbach gilt mein Dank für seine Unterstützung und seinen geduldigen Rat.

Dänischenhagen, im Juli 2014 Rebecca Wolff

Inhaltsübersicht

Einleitung XIX

Erster Teil: Problemdarstellung 1

Zweiter Teil: Grundlagen der Stimmrechte 39

Dritter Teil: Die stimmrechtlichen Problematiken im Einzelfall 105

Schlussbetrachtung 127

Literaturverzeichnis 129

Inhaltsverzeichnis

Einleitung XIX

Gang der Untersuchung XXIV

Erster Teil: Problemdarstellung 1

1. Kapitel: Ausgangslage... 1
    A. Besonderheiten des Insolvenzverfahrens 1
        I. Prozesshafter Ablauf..1
        II. Interessenkonflikt aufgrund einer Vielzahl von Beteiligten.......1
        III. Gesamtverfahren 2
        IV. Gleichberechtigte Ausgleichshaftung..3
        V. Notwendigkeit eines geordneten Verfahrens 4
        VI. Die Rolle des Insolvenzverwalters 4
        VII. Gläubigerautonomie als Leitvorstellung 5
            1. Spannungsverhältnis zwischen Gläubigern und Insolvenzgericht 5
            2. Gesetzliche Leitvorstellung...6
                a) Relativierung der Gläubigerautonomie 6
                b) Stärkung der Gläubigerautonomie 6
        VIII. Spannungen zwischen Gläubigern, Gericht und Insolvenzverwalter 7
        IX. Einwand mangelnden Gläubigerinteresses....................................7
        X. Wechsel der Entscheidungsbefugnisse..9
        XI. Notwendigkeit der Mehrheitsentscheidung 9
        XII. Balance zwischen Gläubigerautonomie und Beschleunigungsgrundsatz...10
    B. Zwischenergebnis 10
    C. Schwierigkeiten der Praxis 11
    D. Weitere Hürden der Gläubigerautonomie..12
        I. Unerfahrene Gläubiger...12
        II. Fehlende Beteiligung 13
        III. Nichtgewährung von Stimmrechten 13

2. Kapitel: Illustration der unterschiedlichen Problematiken 15
A. Stellenwert der Forderungsanmeldung 15
I. Auseinanderfallen von Berichtstermin und Prüfungstermin 15
II. Anmeldung einer lediglich behaupteten Forderung 16
1. Beispielsfall: Der „erfundene" Gläubiger 16
2. Verteidigungsmittel des „bestrittenen Gläubigers": Einwendung gegen das Schlussverzeichnis, § 194 InsO 18
III. Evident unrichtige Forderungsanmeldung 18
IV. Bestreiten des Ranges einer Forderung 19
V. Anmeldung der Forderung im Prüfungstermin 20
B. Rechtswidrige Stimmrechtsfestsetzung durch das Insolvenzgericht 21
I. Verletzung des Anspruches auf rechtliches Gehör durch eine gerichtliche Stimmrechtsfestsetzung 21
1. Hintergrund der Entscheidung 21
2. Rechtliche Würdigung 24
II. „Securenta-Verfahren" 25
1. Sachverhalt 25
2. Geschehnisse während der Gläubigerversammlung 25
3. Rechtliche Würdigung 26
4. Weitere rechtliche Probleme des „Securenta-Falls" 27
C. Stimmrechtsfestsetzung ohne ordnungsgemäße Forderungsanmeldung und Einigungsversuch nach § 77 Abs. 2 S. 1. InsO 27
I. Zugrunde liegender Sachverhalt 27
II. Rechtliche Würdigung 30
1. Trennung zwischen Vollmacht und Mandat 30
2. Beachtung des § 89 ZPO 30
3. Konsequenzen der Verletzung des § 89 ZPO 30
4. Unrechtmäßigkeit einer richterlichen Stimmrechtsfestsetzung 31
a) Richterliche Stimmrechtsfestsetzung ohne vorherigen Einigungsversuch der Gläubiger 32
b) Behandlung einer nicht ordnungsgemäß angemeldeten Forderung 32
c) Beweiskraft des während der Gläubigerversammlung geführten Protokolls 32

d) Tatsächlicher Fortgang des Falls 33
e) Zuerkannter Rechtschutz 34
f) Auswirkungen des Beschlusses 35
D. SKL-M-Entscheidung 35
I. Sachverhalt 35
II. Rechtliche Würdigung 36
E. Normverständnis 36
I. Ausgangsfall 37
II. Rechtliche Würdigung 37
1. Materielle Beschwer 37
2. Formelle Beschwer 37
3. Rechtlicher Hinweis 38

Zweiter Teil: Grundlagen der Stimmrechte 39

1. Kapitel: Einfachrechtliche Grundlagen 39
A. Abgrenzung zwischen der aktiven und passiven Verfahrensteilnahme 39
I. Stimmrechte für die aktive Teilnahme am Verfahren 39
II. Informationsbedürfnis der Gläubiger 39
III. Materieller Anspruch 40
B. Unterscheidung zwischen materieller und formeller Ebene 40
I. Verschiedene Aufgaben 40
II. Notwendigkeit beider Ebenen als philosophischer Ansatz 40
C. Zwecke des Insolvenzverfahrens 41
I. Durchsetzung der Gläubigerrechte 41
II. Sanierung 41
III. Neuordnung von Unternehmensstrukturen 41
IV. Öffentliche Belange 43
D. Stimmrecht und Stimmabgabe 43
I. Verhältnis zwischen Stimmrecht und Stimmabgabe 43
II. Keine Pflicht zur Stimmabgabe 44
III. Stimmabgabe als Willenserklärung 44
IV. Form der Stimmabgabe 46
V. Inhalt der Stimmabgabe 46
VI. Mängel der Stimmabgabe 46
VII. Stimmverbote 47
VIII. Stimmrechte im Insolvenzplanverfahren 47

E. Rechtsnatur des Stimmrechts ... 47
F. Voraussetzungen für die Vergabe des Stimmrechts ... 47
I. Berechtigung ... 47
1. Stimmberechtigte Gläubigergruppen ... 47
2. Verknüpfung Forderungswert und Stimmrechte ... 48
3. Forderungsanmeldung ... 48
4. Kein Bestreiten der Forderung ... 49
5. Einigung über das bestrittene Stimmrecht ... 49
II. Grundsatz *„in dubio pro creditore“* ... 49
III. Die Forderungsanmeldung ... 50
1. Rechtsnatur ... 50
2. Mindestinhalt ... 50
a) Allgemein ... 51
b) Besondere Anforderungen bei der Anmeldung einer Forderung aus unerlaubter Handlung ... 51
3. Befugnis zur Forderungsanmeldung ... 52
a) Insolvenzgläubiger (§ 38 InsO) ... 52
b) Absonderungsberechtigte Insolvenzgläubiger ... 52
c) Aufrechnungsbefugte Insolvenzgläubiger ... 52
d) Nachrangige Insolvenzgläubiger (§ 39 InsO) ... 52
e) Nicht fällige Forderungen ... 53
f) Auslösend bedingte Forderungen ... 53
g) Gesamtschuldner ... 54
4. Formerfordernisse ... 54
a) Schriftliche Anmeldung ... 54
b) Sprache ... 54
c) Ausdrücklichkeit ... 55
d) Beifügen von Urkunden ... 55
aa) Vorlage des Originaltitels ... 55
bb) Vorlage des Originaltitels bei streitigen Forderungen ... 56
cc) Wechsel und sonstige Schuldurkunden ... 56
e) Adressat der Anmeldung ... 56
f) Frist ... 57
5. Wirksamkeit der Anmeldung ... 57
a) Fristversäumnis ... 57
b) Zugang ... 57

c) Unzureichende Anmeldungen ... 58
d) Unzulässige Anmeldungen ... 58
e) Zulässigkeit nachträglicher Änderungen ... 58
6. Glaubhaftmachung der Forderung ... 58
7. Berechnungsgrundlage ... 59
IV. Das Abstimmungsverfahren ... 59
1. Allgemeines ... 59
2. Unterscheidung Kopf- und Summenmehrheit ... 60
2. Kapitel: Verfassungsrechtliche Ebene der Stimmrechte ... 60
A. Grundrechtsbindung des Insolvenzgerichtes ... 60
B. Grundrechte der Gläubiger ... 61
I. Forderung gegen den Insolvenzschuldner als Eigentum i. S. v. Art. 14 Abs. 1 GG ... 61
II. Gleichbehandlungsgrundsatz nach Art. 3 Abs. 1 GG ... 61
III. Art. 19 Abs. 4 GG ... 61
1. Höchstrichterliche Rechtsprechung ... 62
2. Qualifikation der insolvenzgerichtlichen Tätigkeit ... 63
IV. Teilnahme am Verfahren als Voraussetzung der Gewährung rechtlichen Gehörs i. S. v. Art. 103 Abs. 1 GG ... 63
1. Allgemein ... 63
2. Anwendbarkeit auf Verfahren vor dem Rechtspfleger ... 64
3. Art. 103 Abs. 1 GG konkret auf das Insolvenzverfahren bezogen ... 64
3. Kapitel: Stimmrechte im insolvenzrechtlichen Gefüge ... 66
A. Grundprinzipen des Insolvenzrechts ... 66
I. Bestmögliche Befriedung aller Gläubiger als oberstes Prinzip ... 66
II. Gleichbehandlung aller Gläubiger ... 66
1. Einschränkungen des Gleichbehandlungsgrundsatzes ... 67
2. Gleichbehandlung als moralischer Ansatz ... 68
3. Gleichbehandlung auch auf verfahrensrechtlicher Ebene ... 68
III. Sicherung des Rechtsfriedens und der Gläubigerbefriedigung ... 69
IV. Insolvenzverfahren als Politikum ... 69
B. Stellung der Gläubiger im Verfahren ... 70

I. Begriff der „Gläubigerschaft“ ... 70
II. Gläubigerversammlung und Gläubigerausschuss ... 71
1. Gläubigerversammlung ... 72
2. Gläubigerausschuss ... 72
III. Gläubigerinteressen ... 72
IV. Verhältnis der Gläubiger untereinander ... 72
C. Das Insolvenzgericht ... 74
I. Zuständigkeit ... 74
1. Sachliche Zuständigkeit ... 74
2. Funktionelle Zuständigkeit ... 74
II. Aufgaben ... 75
1. Vor Eröffnung des Verfahrens ... 75
2. Nach Eröffnung des Verfahrens ... 76
3. Gerichtliche Kompetenz ... 76
4. Position des Richter als rechtsprechendes Organ ... 77
III. Funktion der jeweiligen Tätigkeit ... 77
IV. Keine streitenden Parteien im Insolvenzverfahren ... 78
V. Gläubigerautonomie vs. Richtermacht ... 78
1. „Entmündigung“ des Gläubigers ... 78
2. Notwendige „Richtermacht“ ... 79
3. Klare Rollenverteilung ... 79
D. Insolvenzverfahren als Teil der freiwilligen Gerichtsbarkeit ... 80
I. Unterscheidung zwischen materieller Aufgabe des Insolvenzrechts und verfahrensrechtlichem Rahmen ... 80
II. Unter der Konkursordnung ... 81
III. Im Rahmen der Gesamtvollstreckung ... 81
IV. Besonderheiten der freiwilligen Gerichtsbarkeit ... 81
1. Sinn und Zweck der freiwilligen Gerichtsbarkeit ... 81
2. Geltung für das Insolvenzverfahren ... 82
3. Höchstrichterliche Entscheidungen ... 84
4. Kapitel: Stimmrechte als notwendige Konsequenz der Gläubigerautonomie ... 84
A. Gläubigerautonomie allgemein ... 84
I. Grundlagen ... 84
II. Gläubigerautonomie als Teil der Privatautonomie ... 86
III. Gläubigerautonomie als „Ideologie des Staates“ ... 87
B. Wechselwirkung zwischen Gläubigerbefugnissen und Auswirkungen für den Schuldner ... 88

C. Anstoß für die Aufnahme von Kreditgeschäften 89
I. Grundgedanke einer Vermögenshaftung und Gläubigerautonomie 90
1. Römisches Recht 90
2. Italienisches Statuarrecht 91
3. Einfluss durch das französische und spanische Recht 91
4. Preußisches Landrecht 92
5. Preußische Konkursordnung von 1855 92
6. Konkursordnung 93
7. Vergleichsordnung 94
8. Weitere Entwicklung in Deutschland bis zur Insolvenzordnung 94
II. Zwischenergebnis 95
III. Gläubigerautonomie als gesetzgeberische Zielvorgabe der jüngsten Vergangenheit 95
1. Entwurf eines Gesetzes zur Entschuldung mittelloser Personen, zur Stärkung der Gläubigerrechte sowie zur Regelung der Insolvenzfestigkeit von Lizenzen 95
2. Gesetz zur weiteren Erleichterung der Sanierung von Unternehmen 96
3. Gesetzes zur Verkürzung des Restschuldbefreiungsverfahrens und zur Stärkung der Gläubigerrechte 97
D. Verhältnis zwischen Gläubigerautonomie und Stimmrechten 98
I. Stimmrechte als Instrument der Gläubigerautonomie 98
II. Der Insolvenzverwalter als eigentlicher Entscheidungsträger im Verfahren? 98
III. Professionalisierung und Konzentration der Insolvenzgerichte 99
IV. Professionalisierung des Gläubigerausschusses 100
V. Vergleich zu Frankreich 100
E. Auswirkungen der Gläubigerautonomie auf die Verfahrensbeteiligten 102
F. Mangelndes Verständnis für die Gläubigerautonomie 102
G. Gläubigerautonomie als eigennütziges Motiv des Staates 103

Dritter Teil: Die stimmrechtlichen Problematiken im Einzelfall ... 105

1. Kapitel: Forderungsanmeldung ... 105
2. Kapitel. Forderungseintragung in Insolvenztabelle, Insolvenzplan und Schuldenbereinigungstabelle ... 106
A. Zweifel über Vorliegen und Höhe von Forderungen ... 106
B. Erinnerungswert als Merkposten „zweifelhafter“ Forderungen ... 106
C. Erinnerungswerte im Schuldenbereinigungsplan ... 107
3. Kapitel: Einigungsverfahren nach § 77 Abs. 2 S. 1 InsO ... 108
A. Bedingt autonomes Einigungsverfahren ... 108
B. Einigungsprozess im Sinne des § 77 Abs. 2 S. 1 InsO ... 108
I. Auslegungsmethode ... 111
II. Wortlaut des Gesetzes ... 111
III. Wortsinn ... 111
1. Abschluss des Anmeldenden ... 111
2. Ausschließliche Möglichkeit der positive Einigung ... 112
a) Positive Einigung ... 112
b) Konsequenz für den Ausschluss des anmeldenden Gläubigers ... 112
c) Analyse ... 112
aa) Verhältnis zwischen Haupt- und Nebensatz ... 112
bb) Vorschläge für alternative Gesetzestexte ... 113
cc) Auslegung bei Widerrufsmöglichkeit der Stimmrechtsgewährung ... 114
dd) Zwischenergebnis ... 114
IV. Historisch ... 114
V. Systematisch ... 116
VI. Teleologisch ... 116
VII. Verfassungskonforme Auslegung ... 117
VIII. Zwischenergebnis ... 118
4. Kapitel: Gerichtliche Stimmrechtsfestsetzung nach § 77 Abs. 2 S. 2 InsO ... 118
A. Voraussetzungen ... 118
B. Unanfechtbarkeit ... 119
C. Änderung der Stimmrechtsgewährung ... 119
I. Antragsberechtigung ... 119
II. Zeitpunkt der Antragsstellung ... 119

D. Summarische Prüfung 119
E. Rechtsschutz 122
I. Statthaftigkeit der Beschwerde im Insolvenzverfahren 122
II. De lege lata 123
III. Orientierung an vorkonstitutionellen Entscheidungen 123
IV. Rechtsmittel 123
1. Erinnerung gemäß § 11 Abs. 2 RPflG 124
2. Sofortige Beschwerde gemäß § 569 Abs. 1 ZPO i. V. m. § 4 InsO 124
3. Mittel gegen die Untätigkeit des Gerichts 124
V. De lege ferenda 124
5. Kapitel: Ausblick 125

Schlussbetrachtung 127

Literaturverzeichnis 129

Einleitung

Das deutsche Insolvenzrecht ist geprägt vom Leitbild der sog. Gläubigerautonomie.[1] Dieser Begriff umschreibt die Selbstherrschaft der Gläubiger im Verfahren.

In der Insolvenzordnung ist mit dem Begriff „Gläubiger" der einfache Insolvenzgläubiger gemeint, der einen *vermögensrechtlichen* Anspruch gegen den Schuldner innehat.[2] Im Rahmen dieser Untersuchung sind mit der Verwendung des Begriffes „Gläubiger" diejenigen Gläubigergruppen gemeint, die im Verfahren (potenziell) stimmberechtigt sind, soweit nichts Anderes ausdrücklich erwähnt ist.

Folgerichtig *sollte*[3] die Entscheidungskompetenz über die grundlegenden Sachfragen des Verfahrens auch im alleinigen Verantwortungsbereich der Gläubiger liegen.

Die Idee einer Gläubigerselbstverwaltung ist von ihrer Grundkonzeption her nicht neu. Anfänge einer selbstbestimmten Gläubigerrolle im Verfahren finden sich schon im römischen Recht.[4] In ihrer heutigen Gestalt beruht sie zum größten Teil auf einem Reformgedanken, der mit der am 01.01.1999 in Kraft getretenen Insolvenzordnung schließlich in Gesetzesform gegossen wurde.

Die konkreten Ziele bestanden seinerzeit hauptsächlich in der sog. *„Deregulierung des Verfahrens"*, also einem Rückzug des Staates aus dem Verfahren und einer reflexartig damit einhergehenden Stärkung der *„Gläubigerautonomie"*.[5]

---

1 Das Bundesverfassungsgericht wies mehrfach ausdrücklich auf die bestehende Gläubigerherrschaft in weiten Teilen des Verfahrens hin: BVerfG, Beschl. v. 23.05.2006 – 1 BvR 2530/04 – ZIP 2006, 1355–1362; BVerfG, Nichtannahmebeschl. v. 09.02.2005 – 1 BvR 2719/04 – WM 2005, 368–370.

2 Vgl. etwa *Streuber*, in: Rattunde, Kap. 10 Rn. 757; *Bork*, § 8 Rn. 70.

3 Krit. jedoch zur tatsächlichen Umsetzung der gesetzlich vorgegebenen Gläubigerautonomie: *Smid*, Handbuch Insolvenzrecht, § 1 Rn. 43.

4 Vgl. etwa die Verwaltung des schuldnerischen Vermögens durch einen oder mehrere Gläubiger im Rahmen der *cessio bonorum* (ungefähr 17 v. Chr.), *Dabelow*, S. 269; eine ausführliche Darstellung der Entwicklung der Gläubigerautonomie bei *Riedemann*, Zur Entwicklung des Konkursrechts seit Inkrafttreten der Konkursordnung unter dem Aspekt der Gläubigerautonomie.

5 Amtl. Begr. zum RegEInsO, Allg. Teil 3a cc, BT-Drs. 12/2443, 78.

Bisher war die Selbstverwaltungsrecht der Gläubiger in den immer noch unverändert geltenden Vorschriften des § 57 und des § 157 InsO besonders deutlich erkennbar. Nach diesen Normen befinden sich die Gläubiger in der starken Position, durch Nutzung ihrer Stimmrechte sowohl einen anderen (als den gerichtlich bestellten) Insolvenz-verwalter zu wählen[6] als auch darüber abzustimmen, ob ein in finanzielle Schieflage geratenes Unternehmen fortgeführt oder geschlossen werden soll.[7]

Sehr zweifelhaft ist in diesem Zusammenhang jedoch, inwieweit die Gläubiger einen mit dem Verfahren schon betrauten Verwalter aus Effektivitätserwägungen heraus wirklich neu besetzen sollten.[8] Aufgrund einer gewissen Einarbeitungszeit könnte dies unter Umständen mehr schaden als nützen.

Aber auch im Rahmen der Eigenverwaltung wird die Gläubigerautonomie gewahrt. So kann das Insolvenzgericht zwar die Aufhebung der Eigenverwaltung gemäß § 272 InsO anordnen. Erforderlich ist aber ein Antrag der Gläubigerversammlung (§ 272 Abs. 1 Nr. 1 InsO) eines absonderungsberechtigten Gläubigers oder eines Insolvenzgläubigers (§ 272 Abs. 1 Nr. 2 InsO) oder des Schuldners (§ 272 Abs. 1 Nr. 3 InsO). *Foltis* erblickt darin den Respekt vor dem Grundsatz der Gläubigerautonomie.[9]

In jüngster Vergangenheit wurden die Mitwirkungsmöglichkeiten der Gläubiger u. a. durch die Schaffung des § 22a InsO, der die Bestellung eines vorläufigen Gläubigerausschusses vorsieht, noch weiter ausgebaut.[10]

Unumstritten sind die Gesetzesänderungen allerdings nicht. So bedürfen die neuen Regelungen laut *Frind „aufgrund mannigfaltiger Unklarheiten und handwerklicher Fehler im Gesetzeskonstrukt praxisgerechter Auslegung und Umsetzung*".[11]

Durch diese Neuregelung wird gewährleistet, dass die Gläubiger noch *vor* der ersten Gläubigerversammlung über die Person des Insolvenzverwalters bestimmen können. Der Zeitpunkt einer möglichen Inanspruchnahme der Gläubigerautonomie wurde damit deutlich vorverlegt.[12]

---

6 *Lüke*, in: Kübler/Prütting/Bork, InsO, § 57 Rn. 4.

7 *Görg*, in: MünchKomm, InsO, § 157 Rn. 1 ff.

8 Siehe hierzu auch die rechtsvergleichenden Erwägungen von *Henke*, S. 151 f.; a. A. *Holzer/Kleine-Cosack/Prütting*, S. 13.

9 FK, InsO, § 272 Rn. 1.

10 Gesetz zur Erleichterung der Sanierung von Unternehmen vom 07.12.2011, BGBl. I S. 2582, Regierungsentwurf: BT-Drucks. 17/5712.

11 ZInsO 2011, 2261.

12 *Seide/Brosa*, ZInsO 2008, 769, 774.

Vor der Gesetzesänderung war der Gläubigerausschuss im Eröffnungsverfahren nicht ausdrücklich in der Insolvenzordnung geregelt. § 67 Abs. 1 InsO war jedoch so offen formuliert, dass die Einsetzung eines Gläubigerausschusses in diesem Verfahrensstadium nicht ausgeschlossen war, es fehlte jedoch an einer konkreten Reglung, wie sie mit der Vorschrift des § 22a InsO jetzt vorliegt.

Es lässt sich also feststellen, dass die Hauptentscheidungsträger des Verfahrens – *zumindest der Intention des Gesetzgebers nach*[13] – unangefochten die Gläubiger sind.

In der Literatur wird dies nicht immer so gesehen. So führt *Holzer* bemerkenswerterweise die Gläubiger nur am Rande als Entscheidungsträger im Insolvenzverfahren auf und lässt die Gläubigerautonomie damit fast außer Acht lässt.[14] Nichtdestotrotz gebiete die praktische Umsetzung der Gläubigerselbstverwaltung ihrerseits zwingend das Vorhandensein eines hierzu geeigneten Instruments. Als ein solches fungieren die Stimmrechte, die den Gläubigern gemäß § 77 InsO gewährt werden.[15]

Die Stimmrechte bilden damit das zentrale Mittel zur Durchsetzung der Gläubigerselbstverwaltung.

Ohne sie wäre eine Gläubigerautonomie nur ein theoretisches Konstrukt.

Wie bereits angedeutet, ist es jedoch keine Selbstverständlichkeit, dass die Verknüpfung zwischen der Bedeutung der Gläubigerautonomie im Insolvenzverfahren einerseits und dem hieraus resultierenden Stellenwert der Stimmrechte andererseits ausreichend gewürdigt wird.[16] Die Gläubigerautonomie wird teilweise regelrecht als eine Art „*Modeerscheinung*" abgewertet, welche mit der praktischen und effektiven Umsetzung des Verfahrens kaum vereinbar sei.[17] *Hänel* nennt die Gläubigerautonomie ein „*Phänomen*", erkennt aber, dass sie „*nicht nur ein Schlagwort sei*", sondern „*gar als Interpretationskriterium für die Gesetzesauslegung herangezogen wird*".[18] *Ahrens* bezeichnet die Gläubigerautonomie „*eher als entferntes Leitbild, denn als die gelebte Wirklichkeit*".[19]

---

13 Vgl. Fn. 3.

14 Entscheidungsträger im Insolvenzverfahren, passim.

15 § 77 InsO regelt die Vergabe des Stimmrechts, § 76 InsO die Abstimmungsmodalitäten, vgl. hierzu: *Kind*, in: FK, InsO, § 77 Rn. 1.

16 Siehe S. 3.

17 Vgl. hierzu *Frind*, ZInsO 2011, 757 ff.

18 *Ders.*, Gläubigerautonomie und Insolvenzplanverfahren, Einleitung, S. 15.

19 S. 129.

Das Insolvenzverfahren soll möglichst effizient durchgeführt werden. Als Grund für die gebotene Eile bei der Durchführung des Insolvenzverfahrens wird der sog. Beschleunigungsgrundsatz angeführt.[20]

Der Beschleunigungsgrundsatz wird von *Wimmer* zu Recht als *„Fundamentalkritik“* gegen die Gläubigerbeteiligung bezeichnet.[21]

Die Existenz dieses Grundsatzes gebietet der (Zeit-)Notcharakter des Insolvenzverfahrens. Er ist im Gesetzeswortlaut der Insolvenzordnung nicht ausdrücklich benannt, sondern muss zwischen den Zeilen herausgelesen werden.

Das Bundesverfassungsgericht äußert sich wie folgt zu diesem Thema:

„Dass der Gesetzgeber sich in besonderer Weise von dem das Insolvenzverfahren beherrschenden Beschleunigungsgebot hat leiten lassen, wird durch seine in der Gesetzesbegründung angefügte Erwägung deutlich, wonach die Entscheidung des Insolvenzrichters nach § 18 Abs. 3 Satz 2 RPflG häufig noch in dem selben (sic!) *Termin erreicht werden könne, weil der Antrag nur bis zum Ende des Termins gestellt werden dürfe.“*[22]

Das Bundesverfassungsgericht misst dem Beschleunigungsgebot also große Bedeutung bei. In der Literatur wird das Beschleunigungsgebot häufig ähnlich stark gewichtet.

So wird teilweise – ganz dem Interesse des zügigen Verfahrens geschuldet – indirekt schon fast der Grundsatz *„in dubio contra creditorem“*[23] gefordert[24], indem beispielsweise zu Gunsten aller anderen Beteiligten die Voraussetzungen für die Stimmrechtsvergabe eng gefasst werden. *Frind* hingegen gibt im Zweifelsfall der Bruchteilsfestsetzung von Stimmrechten einer „Null-Festzung“ den Vorrang.[25]

Zipperer drückt diesen Konflikt überaus treffend aus, indem er schreibt, das *„Insolvenzverfahrensrecht sei eingekeilt zwischen strenger Rechtsbindung und Eilbedürftigkeit des Verfahrens“*.[26]

---

20 Etwa *Smid*, Handbuch Insolvenzrecht, § 30 Rn. 30.

21 Das neue Insolvenzrecht, S. 18.

22 BVerfG, Beschl. v. 26.11.2009 - 1 BvR 339/09 -NJW-RR 2010, 1063.

23 Die eigentliche „Regel“ lautet: *„in dubio pro creditore“*, also im „Zweifel für den Gläubiger“. So vertreten beispielsweise von: *Kübler*, in: Kübler/Prüttig/Bork, InsO, § 77 Rn. 20; *Ehrike*, in: MünchKomm, InsO, § 77 Rn. 22.

24 So könnte man etwa die Auffassung von *Plathner/Sajogo deuten*, die eine strenge Prüfung des Stimmrechts für geboten halten, siehe ZInsO 2011, 1092; oder siehe auch *Preß*, in: Ham Komm InsO, § 77 Rn. 8.

25 ZInsO 2011, 1726 ff.

26 NZI 2012, 385.

Aber auch die Interpretation einiger insolvenzrechtlicher Normen durch Teile der Literatur und durch die höchstrichterliche Rechtsprechung lassen Zweifel aufkommen, ob der Stellenwert der Stimmrechte immer vollends erfasst wird. So wird bei dem Einigungsverfahren nach § 77 Abs. 2 S. 1 InsO, welches über das Stimmrecht einer bestrittenen Forderung entscheidet, der betroffene Gläubiger nicht mit einbezogen[27] – so jedenfalls teilweise die Lesart der Norm durch die Literatur.[28] Der betroffene Gläubiger wird in dieser Angelegenheit also von keinem Richter auch nur angehört, obwohl offensichtlich in seine Rechtssphäre eingegriffen wird. Eine mögliche Verletzung des grundrechtlich gesicherten Anspruches auf rechtliches Gehör nach Art. 103 Abs. 1 GG aufgrund dieser besonderen Form einer „Einigung" wird meist nicht in Erwägung gezogen.

So geht *Kübler* beispielsweise mit keinem Wort auf die grundrechtliche Relevanz der Stimmrechte in diesem Zusammenhang ein, sondern beruft sich schlicht auf den – in seinen Augen – eindeutigen Wortlaut des Gesetzes.[29] Danach kann der anmeldende Gläubiger auf das Ergebnis der Einung warten, ohne selbst daran beteiligt zu sein.

Smid nennt die Konstruktion einer Einigung dagegen einprägsam *„einen verfahrensrechtlichen Vertrag zu Lasten Dritter"*[30] und trifft damit den Kern des Problems: Allein Dritte entscheiden über die Vergabe eines Teilnahmerechts, obwohl es ursprünglich um die Beziehung zwischen anmeldendem Gläubiger und Schuldner ging.[31] Der Konsens zwischen den stimmberechtigten Gläubigern und dem Insolvenzverwalter entsteht zu Ungunsten eines anderen. Es stellt sich somit die berechtigte Frage, ob das insolvenzrechtliche Einigungsverfahren nach § 77 Abs. 2 S. 1 InsO einer verfassungsrechtlichen Analyse standhält. Dementsprechend entschied das Amtsgericht Hamburg in einem Beschluss vom 12.09.2005, dass der sog. Anmeldegläubiger in den Einigungsprozess einzubeziehen sei.[32]

---

27 So kann auch die Regelung des § 77 Abs. 1 S. 2 InsO – zumindest auf den ersten Blick – auch durchaus verstanden werden: „(…) soweit sich in der Gläubigerversammlung *der Verwalter und die erschienenen stimmberechtigten Gläubiger* über das Stimmrecht geeinigt haben".

28 *Kübler*, in: Kübler/Prütting/Bork, InsO, § 77 Rn. 16.

29 *Kübler*, in: Kübler/Prütting/Bork, InsO, § 77 Rn. 16.

30 *Smid*, Handbuch Insolvenzrecht, § 30 Rn. 22.

31 Für die Einbeziehung des anmeldenden Gläubigers: *Uhlenbruck*, in: Uhlenbruck, InsO, § 77 Rn. 16; *Plathner/Sajogo*, ZInsO 2011, 1091; AG Hamburg, Beschl. v. 12.09.2005 – 67e IN 246/04, ZIP 2005, 1926, 1930.

32 AG Hamburg, Beschl. v. 12.09.2005 – 67e IN 246/04, ZIP 2005, 1926, 1930; Anmerkung hierzu von *Kind/Herzig*, EWIR 2006, 175 f.

Höchstrichterlich wurde diese Frage bisher nicht entschieden.

Aber auch in dem Fall, dass ein Stimmrecht nach der materiellen Rechtslage zu Unrecht verweigert wurde, soll sich der Gläubiger nach der Überzeugung des Bundesverfassungsgerichts nicht wehren dürfen, wenn ein Insolvenzrichter erst einmal eine Entscheidung nach § 18 Abs. 3 S. 2 RPflG getroffen hat.[33]

Die geringe Beachtung, die Rechtsprechung und Literatur den Stimmrechten und den daraus folgenden Problemen schenken, führt daher nicht zum Ergebnis, dass die Notwendigkeit einer Analyse aufgrund der scheinbar eindeutigen Gesetzeslage zu verneinen wäre, sondern lässt sie *erst recht* erforderlich erscheinen.

Gang der Untersuchung

Zunächst wird im ersten Teil der Arbeit die Ausgangslage geschildert, wie sie sich bei der Eröffnung eines Insolvenzverfahrens darstellt. Dabei sollen die verfahrensspezifischen Besonderheiten herausgearbeitet werden, um verständlich zu machen, dass die Grundsätze des allgemeinen Zivilrechts nicht ohne Weiteres auf das Insolvenzrecht anzuwenden, sondern die Eigenarten der Gesamtvollstreckung zu beachten sind. Danach sollen anhand von Beispielen einzelne Schwierigkeiten im Zusammenhang von Forderungsanmeldung und Stimmrechtsvergabe verdeutlicht werden, damit ein generelles Problembewusstsein geschaffen wird.

Als nächster Schritt sollen im zweiten Teil der Arbeit rechtliche Grundlagen der Stimmrechte erarbeitet werden, um Auslegungshilfen für die strittigen Punkte zur Hand zu haben. Dazu dienen die einfachrechtliche und die verfassungsrechtliche Ebene der Stimmrechte sowie deren Einbettung in das insolvenzrechtliche Gefüge. Hierbei spielt die Gläubigerautonomie eine besondere Rolle, da sie für das Verfahren prägend ist und die Grundbedingung für die Existenz der Stimmrechte schafft.

Im dritten Teil werden die stimmrechtlichen Problematiken im Einzelfall aufgegriffen und analysiert, um aufzuzeigen, dass die Bedeutung der Stimmrechte nicht verkannt werden darf.

Hierbei ist insbesondere die Auslegung des § 77 Abs. 2 S. 1 InsO zu beachten.

---

33 BVerfG, Beschl. v. 26.11.2009, 1 BvR 339/09, DZWIR 2010, 34 ff.

Erster Teil: Problemdarstellung

1. Kapitel: Ausgangslage

A. Besonderheiten des Insolvenzverfahrens

I. Prozesshafter Ablauf

Faktisch betrachtet dient das Insolvenzverfahren der prozesshaften Abarbeitung der finanziellen Ungewissheiten zwischen dem Schuldner und seinen Gläubigern. „Prozesshaft" bedeutet in diesem Zusammenhang aber gerade nicht, dass es sich um einen Prozess im Sinne der Zivilprozessordnung handelt, sondern um einen „voranschreitenden" (lat. *procedere*) und geordneten Ablauf.[34]

Bis zur Mitte des 19. Jahrhundert wurde der Konkurs jedoch wirklich als ein besonderer Prozess im streitigen Verfahren behandelt.[35]

So führt eine Phase des (Vor-)Verfahrens unweigerlich zur nächsten. Ausgangspunkt ist zunächst die Zahlungsunfähigkeit (§ 17 Abs. 2 InsO) oder die Überschuldung (§ 19 Abs. 2 InsO) des Insolvenzschuldners. Darauf folgt der Eigenantrag des Schuldners oder der Fremdantrag eines Gläubigers (§§ 13, 14 InsO). Das Insolvenzgericht entscheidet sodann, ob das Verfahren eröffnet wird.[36]

II. Interessenkonflikt aufgrund einer Vielzahl von Beteiligten

Ergeht ein Eröffnungsbeschluss, treffen im Verfahren viele Beteiligte zusammen. So wird der Schuldner häufig einer Vielzahl von Gläubigern Geld schulden.

Neben dem Schuldner und seinen Gläubigern werden ebenfalls noch das Insolvenzgericht und ein (vorläufiger) Insolvenzverwalter in das Verfahren miteinbezogen.

Zwar gibt die Insolvenzordnung durch Verfahrensvorgaben und einzuhaltende Grundprinzipien die Marschrichtung vor, dennoch dürften die Vorstellungen

---

34 Eine sehr übersichtliche Darstellung des chronologischen Ablaufs findet sich bei *Reischl*, S. 7 Rn. 29.

35 Vgl. etwa *Oetker*, Konkursliche Grundbegriffe, S. 13 ff.

36 Zur Prüfung des Insolvenzgerichts über die Frage der Verfahrensöffnung: vgl. *Thiemann*, in: Leonhardt/Smid/Zeuner, InsO, § 21 Rn. 1 ff.

über den Ablauf des Verfahrens oft auseinandergehen. Die Gläubiger vertreten ihre Interessen im Verfahren größtenteils autonom.[37] Dies kann sich für die Gläubiger als durchaus lohnend erweisen. So ist es durch die Selbstverwaltung unter Umständen auch möglich, die am Ende des Verfahrens zu erwartende Quote[38] durch verfahrenslenkende Entscheidungen zu steigern.

Es liegt jedoch in der Natur der Sache, dass eine *unfreiwillige* Bündelung sämtlicher Gläubigerinteressen in einem einzigen Verfahren ein gewisses Konfliktpotential in sich birgt. So werden wohl in den meisten Fällen die Vorstellungen, wie das gemeinsame Ziel – *die bestmögliche Befriedigung der eigenen Forderungen gegen den Schuldner* – zu erreichen sei, sehr weit auseinandergehen. Zudem besteht auch die Gefahr, dass Großgläubiger[39] in Versuchung geraten könnten, die anderen Gläubiger zu übervorteilen. Hierbei ist insbesondere der Einfluss auf die Wahl des Insolvenzverwalters zu nennen.[40] Besonders Hedgefonds, die als professionelle Forderungseinkäufer fungieren, werden versuchen in einem Insolvenzverfahren ein finanzielles Maximum für sich rauszuholen.[41]

III. Gesamtverfahren

Im Vordergrund des Insolvenzverfahrens steht als übergeordneter Zweck die bestmögliche gemeinsame Befriedigung *aller* betroffenen Gläubiger.[42]

In der Europäischen Insolvenzordnung (EuInsVO) wird dies unter dem Begriff des „Gesamtverfahrens" (collective insolvency proceedings)[43] gefasst, Art. 1 Abs. 1 EuInsVO.

Zwei Aspekte sind dabei entscheidend: 1. der Vermögensbeschlag gegen den Schuldner, der mit der Entmachtung des Schuldners einhergeht (§ 80 Abs. 1 InsO)[44], und 2. die gemeinsame Rechtsverfolgung der Gläubiger.

---

37 Zu den Entscheidungsträgern im Verfahren siehe *Holzer*, passim.

38 Siehe § 195 InsO, der Insolvenzverwalter berechnet auf Grundlage des Verteilungsverzeichnisses (188 InsO) den Bruchteil, *Kießner*, in: FK, InsO, § 195, Rn. 3.

39 *Foltis*, in: FK, InsO, § 272 Rn. 9.

40 Vgl. dazu etwa BT-Drucks. 17/7511 S. 31.

41 http://www.faz.net/aktuell/wirtschaft/ausschlachtung-von-insolvenzfaellen-gierige-hedgefonds-11970007.html (Abrufdatum 25.11.2013).

42 Die bestmögliche (finanzielle) Befriedigung der Gläubiger als Hauptpunkt des § 1 InsO, der sog. „Programmnorm" des Insolvenzrechts, vgl. *Henckel*, in: Jaeger/Henckel, InsO, § 1 Rn. 2.

43 *Fletcher*, Insolvency in International Private Law, 1999, 258.

44 *Smid*, Handbuch Insolvenzrecht, § 1 Rn. 100 f.

Die gemeinsame Rechtsverfolgung ist bildlich vorstellbar unter der Formulierung: „*concursus creditorum*", also wörtlich dem Zusammenlaufen derjenigen, die (dem Schuldner) geglaubt (und ihm deshalb einen Kredit gewährt) haben.[45]

Der Begriff „Konkurs" stammt jedoch nicht aus dem römischen Recht, sondern findet seine Wurzeln in dem Werk von *Salgado de Samoza* „*Labyrinthus creditorum concurrentium ad item per debitorem inter illos causatam*", welches im Jahre 1646 erschien.[46] Aus dem Begriff lässt sich schließen, dass stets mehrere Gläubiger am Konkurs eines Schuldners beteiligt sein müssen. Erst ab dem 17. Jahrhundert wird der Begriff für die anteilige Befriedigung der Gläubiger in der deutschen Rechtssprache verwendet.[47]

Die Gläubiger müssen aber nach der Verfahrenseröffnung an einem Strang ziehen. Die Konsequenz aus der gemeinsamen Rechtsverfolgung ist, dass der Einzelne seine Interessen gegen den Schuldner nicht mehr allein durchsetzen kann (§ 89 InsO). Es bleibt dem Gläubigern nichts anderes übrig, als die eigene Forderung als Teil des gemeinsamen Interesses aller Gläubiger zu betrachten.

IV. Gleichberechtigte Ausgleichshaftung

Mit der Eröffnung des Insolvenzverfahrens werden alle Gläubiger eines Schuldners zusammengeführt, da auch alle Gläubiger von der Insolvenz betroffen sind[48] Sie verbindet, neben dem gemeinsamen Schuldner, nur das Verlangen, einen möglichst großen Teil ihres Geldes zurückzubekommen. Dies deckt sich mit dem vornehmlichen Ziel des Insolvenzverfahrens, welches in der bestmöglichen Befriedigung aller Gläubiger besteht (§ 1 InsO) und dem Gebot der Gläubigergleichbehandlung.[49] Aufgrund dieser „Zwangsvergemeinschaftung" der Gläubiger muss das Verfahren gewissermaßen einen Ausgleich zwischen Einzel- und Gesamtinteressen leisten. *Häsemeyer* prägte in diesem Zusammenhang den Begriff der „*Ausgleichshaftung der Insolvenzgläubiger*".[50]

---

45 Lat. *concursus* = Zusammenlaufen; vgl. dazu auch *Smid*, Deutsches und Europäisches Internationales Insolvenzrecht, Art. 1 Rn. 9 f.

46 Vgl. dazu: *Uhlenbruck*, DZWIR 2007, 1.

47 *Köbler*, S. 526, siehe auch zum Aspekt des römischen Rechts: *Bauer*, Insolvenzplan. S. 25.

48 Vgl. *Smid*, Handbuch Insolvenzrecht, § 1 Rn. 11.

49 *Keller*, in: K. Schmidt, InsO, § 89 Rn. 2.

50 *Häsemeyer*, Insolvenzrecht, 2. Kap. Rn. 2.33 ff. Die Gläubigergemeinschaft wird von *Jaffé* auch treffend als „*unfreiwillige Verlustgemeinschaft*" bezeichnet, FK, InsO, § 217 Rn. 31.

Die Formulierung könnte nicht treffender sein, denn unter einem Ausgleich versteht man die Beseitigung eines Ungleichgewichts. Konkret auf das Insolvenzverfahren bezogen, versteht man darunter die Beseitigung der Gläubigerungleichbehandlung. Damit wird das oberste Prinzip der Insolvenzordnung – die Gläubigergleichbehandlung – gewahrt.[51]

V. Notwendigkeit eines geordneten Verfahrens

Spätestens wenn das Verfahren über das Vermögen des Schuldners eröffnet wird, dringt die Erkenntnis zu jedem Gläubiger durch, dass er nicht mehr mit der vollen Tilgung seines gewährten Kredites rechnen sollte.[52] Diese Befürchtung ist gewiss geeignet, um Panik unter den Gläubigern zu verbreiten. Der schon erwähnte „*concursus creditorum*" könnte in einem Chaos enden, weil jeder Gläubiger versuchen würde, seine Ansprüche durchzusetzen. Die Einleitung eines geordneten Verfahrens verhindert dies jedoch. Geleitet wird das Verfahren durch das Insolvenzgericht.[53] Man darf außerdem nicht übersehen, dass ein Verfahren auch einen ganz anderen praktischen Nutzen erfüllt.

So fasst *Luhmann* die allgemeine Funktion eines Verfahrens (auch im Hinblick auf das Insolvenzverfahren treffend) zusammen, indem er ausführt: „*Das Verfahren selbst ist kein Wahrheitskriterium, es fördert aber die Richtigkeit der Entscheidung, ermöglicht die Kommunikation und kanalisiert.*"[54]

Das Bundesverfassungsgericht äußert sich wie folgt zum diesem Thema: „*Das Verfahrensrecht dient der Herbeiführung gesetzmäßiger und unter diesem Blickpunkt richtiger, aber darüber hinaus auch im Rahmen dieser Richtigkeit gerechter Entscheidungen.*"[55]

Diese Verfahrensgerechtigkeit liegt vor allem in der Gleichbehandlung aller Verfahrensbeteiligten.

VI. Die Rolle des Insolvenzverwalters

Um das Verfahren trotz der verfahrensimmanenten Schwierigkeiten in geordneten Bahnen zu halten, bedarf es also zunächst der Leitung durch

---

51 *Bauer*, Ungleichbehandlung der Gläubiger, E II, S. 63 m. w. N.

52 Zum Bemerken der Insolvenz eines Schuldners durch die Gläubiger die sehr anschauliche Beschreibung bei *Biehl*, S. 1.

53 §§ 2 f. InsO. Zu den Aufgaben siehe: *Rechel*, in: Leonard/Smid/Zeuner, InsO, § 2 Rn. 6.

54 *Luhmann*, S. 12.

55 BVerfGE 42, 64 (76).

das Insolvenzgericht. Dieses erfüllt wichtige Organisations-, Ordnungs- und Schutzfunktionen[56] innerhalb des Verfahrens.

Eine weitere Schlüsselstellung nimmt der gerichtlich bestellte Insolvenzverwalter[57] ein, auf den gemäß § 80 Abs. 1 InsO die Verfügungs- und Verwaltungsbefugnis des Insolvenzschuldners übertragen wird.

Dieser soll zum Wohle aller Gläubiger nach dem Vorbild eines Quästors[58] die Masse sichern und sie im besten Fall mehren.[59]

VII. Gläubigerautonomie als Leitvorstellung[60]

1. Spannungsverhältnis zwischen Gläubigern und Insolvenzgericht

Die Gläubigerautonomie darf durch die Verfahrensleitung des Insolvenzgerichts jedoch nicht merklich an Bedeutung und Einfluss verlieren. Das Insolvenzgericht erfüllt somit eine verfahrensnotwendige Aufgabe, die jedoch zu einem Kompetenzkonflikt mit den Vertretungsorganen der Gläubiger führen kann.

Bereits Anfang des 20. Jahrhundert stellt *Pasquan* klar, dass die Tätigkeit des Gerichts nur noch eine *„formelle Leitung und Aufsicht, gerichtet auf die gerechte Wahrung der Interessen der Beteiligten“* sei.[61] Es muss also ein Mittelweg zwischen geordneter Verfahrensabwicklung und Verwirklichung der Gläubigerautonomie gefunden werden.

Kübler drückt diese Notwendigkeit auch in einer ebenso einfachen, wie aber aussagekräftigen Formel aus: *„So viel Gläubigerautonomie wie möglich, so viel Insolvenzgericht wie nötig.“*[62]

Daher wird das Verhältnis zwischen Insolvenzgericht und Gläubigerversammlung auch gern als *„spannungsreich“* bezeichnet.[63]

---

56 Siehe zu den einzelnen Aufgaben des Insolvenzgerichts: *Gerloff*, Funktionen und Aufgabe des Insolvenzgerichts, S. 166 ff. et passim; eindrucksvoll zur Aufsicht über den Insolvenzverwalter: *Rechel*, Die Aufsicht des Insolvenzgerichts über den Insolvenzverwalter, passim.

57 Mit Eröffnungsbeschluss wird der Insolvenzverwalter vom Gericht ernannt, § 27 Abs. 1 S. 1 InsO.

58 Römisches Amt mit beschränkten Befugnissen, das vergleichbar mit einem Schatzmeister ist, siehe *Kunkel/Schermaier*, Römische Rechtsgeschichte, S. 23; *Tacitus* erwähnt die Quästoren zum ersten Mal im Jahre 445 v. Chr., Annalen Band 11, 22.

59 Vgl. *Bittmann*, S. 97.

60 Vgl. *Ahrens*, S. 129.

61 *Pasquan*, § 6 S. 3.

62 *Kübler*, S. 64.

63 *Gerloff*, S. 1.

2. Gesetzliche Leitvorstellung

Das gesetzliche Pendel bezüglich der Machtverhältnisse im Insolvenzverfahren ist ganz klar zu Gunsten der Gläubiger ausgeschlagen.[64]

a) Relativierung der Gläubigerautonomie

Nichtsdestotrotz werden immer wieder Versuche unternommen, den Rang der Gläubiger im Verfahren zu relativieren. Dazu wird u. a. die Systematik der Insolvenzordnung als Argument herangezogen. So führt *Gerloff* beispielsweise die gesetzliche Regelung zur Bestellung des Insolvenzverwalters durch das Gericht (§ 56 Abs. 1 InsO) an[65], um dessen Einfluss auf das Verfahren zu untermauern. Die Gesetzeslage wird auf diese Weise aber nur einseitig wiedergegeben. *Gerloff* blendet dabei die Vorschrift des § 57 InsO völlig aus, die den Gläubigern die Möglichkeit einräumt, einen neuen Insolvenzverwalter zu wählen. Zwar ist es richtig, dass das Insolvenzgericht zunächst einen seiner Meinung nach geeigneten Insolvenzverwalter bestellt, aber im Anschluss daran wird den Gläubigern im Rahmen der ersten Gläubigerversammlung die Gelegenheit gegeben, die Wahl des Gerichts in ihrem Sinne zu korrigieren. Das zeigt deutlich, dass der Einfluss der Gläubigerversammlung über dem des Gerichts steht. Die letztverbindliche Entscheidung liegt also bei den Gläubigern, es sei denn, es liegen Gründe vor, die den neu gewählten Verwalter als ungeeignet erscheinen lassen, § 57 S. 2 InsO.[66]

b) Stärkung der Gläubigerautonomie

Durch die neu geschaffene Rechtslage ist die Gläubigerautonomie sogar noch gestärkt worden.[67] So war es bisher überaus problematisch, dass viele maßgebliche Entscheidungen bereits im Eröffnungsverfahren durch einen vorläufigen Insolvenzverwalter getroffen wurden.[68]

Die Bedeutung der Gläubigerversammlung und insbesondere der Gehalt des § 57 InsO wurden dadurch konterkariert. Dieser Missstand soll durch die Regelung des neu eingeführten § 22a InsO behoben werden, der die Einsetzung eines vorläufigen Gläubigerausschusses vorsieht. Der Gesetzgeber macht mit dieser Vorschrift den Weg frei für eine *frühestmögliche* Gläubigerbeteiligung.

---

64 Vgl. Fn. 1.

65 *Gerloff*, S. 100.

66 Diese Möglichkeit eines Votums verdeutlicht die Kontrollfunktion des Insolvenzgerichts.

67 Siehe S. 2 f.

68 *Wimmer*, S. 14.

Haarmeyer bezeichnet den § 22a InsO als *„Sinnbild für einen Paradigmenwechsel im Insolvenzrecht“*.[69] Zwar steht die enorme Bedeutung des § 22a InsO für die Umsetzung der Gläubigerautonomie völlig außer Frage, dennoch formuliert es *Wimmer* treffender, wenn er als Grund für die Steigerung der Einflussmöglichkeiten der Gläubiger eine *„Rückbesinnung auf die wesentlichen Leitvorstellungen der Insolvenzordnung“* anführt.[70] Die Hinwendung zur Gläubigerautonomie ist kein Wandel, sondern endlich die Umsetzung dessen, was von Gesetzes wegen schon lange vorgesehen war.

VIII. Spannungen zwischen Gläubigern, Gericht und Insolvenzverwalter

Auch sind die Spannungen im insolvenzrechtlichen Kräfteverhältnis nicht neu. Schon in den Motiven zur Konkursordnung[71] wird von dem unhaltbaren Zustand berichtet, dass in der Vergangenheit der Kurator[72] durch die Eingriffe des Gerichtes in seiner Handlung völlig gehemmt gewesen sei.[73]

Die Gläubiger für ihren Teil beschwerten sich über ihre *„Zurücksetzung und Bevormundung“* durch die Gerichte.[74] Das Bundesverfassungsgericht nennt diese Situation passend *„eine multipolare Konfliktlage“*.[75]

IX. Einwand mangelnden Gläubigerinteresses

Gegen die Machtstellung der Gläubiger wird häufig der Einwand des mangelnden Interesses erhoben.[76] Es wird angeführt, dass jene in der Regel ihre Stimmrechte und damit auch die ihnen überantwortete Gläubigerautonomie gar nicht nutzen wollten. Dieses Problem wurde schon lange vor Einführung der Insolvenzordnung erkannt und diskutiert.[77] So bemerkte *Jaeger* seinerzeit schon scharfzüngig, dass *„niemand zur Teilnahme genötigt werde“*.[78] Gerade in kleineren Verfahren

---

69 *Haarmeyer/Horstkotte*, ZInsO 2012, 1441.

70 *Wimmer*, S. 14.

71 Verabschiedet am 10.02.1877, in Kraft getreten am 01.10.1879.

72 Also derjenige, der die Vermögenssorge innehatte (*lat. cura*, die Sorge), heute als Insolvenzverwalter bezeichnet.

73 Drucks. Dt. Reichstag, 1887, S. 308.

74 Drucks. Dt. Reichstag, 1887, S. 309.

75 BVerfG, Beschl. v. 23.05.2006 – 1 BvR 2530/04.

76 *Ehricke*, NZI 2000, 57

77 Ein ausführliche – auch über Landesgrenzen hinausschauende – Darstellung bei *Riedemann*, Zur Entwicklung des Konkursrechts seit Inkrafttreten der Konkursordnung unter dem Aspekt der Gläubigerautonomie, S. 70 ff.

78 KO, 8. Auf., § 3 Rn. 3.

nehmen Gläubiger kaum an den Versammlungen teil.[79] Es werden die Kosten der Verfahrensteilnahme gescheut, da am Schluss des Verfahrens meist kaum Masse zur Verteilung unter den Gläubigern übrig bleibt.[80] Aus Sicht vieler Gläubiger lohnt sich die Teilnahme an Gläubigerversammlungen schlicht nicht.[81] § 160 Abs. 1 S. 3 InsO trägt gerade jener mangelnden Gläubigerbeteiligung Rechnung, indem er eine Fiktion erschafft, die es ermöglicht, dass Beschlüsse durch Rechtspfleger und Verwalter getroffen werden.[82] Ohne diese Regelung bestünde die Gefahr, dass die Verwaltung von Kleinverfahren auf der Stelle träte, da Gläubiger von ihren Verfahrensrechten keinen Gebrauch machen würden.

In Österreich wird das Problem der unzureichenden Gläubigerbeteiligung ganz pragmatisch gelöst. Die Gläubiger werden dort von sog. Schutzverbänden vertreten.[83] Diese Verbände ermöglichen es, sich über die Bonität von Schuldnern zu informieren und erleichtern dem Gläubiger gewissermaßen das Leben, indem sie ihnen Aufgaben im Verfahren abnehmen.

Haarmeyer versuchte dies auch in Deutschland zu etablieren. 2009 wurde der Gläubigerschutzvereinigung Deutschland (GSV) gegründet, im Januar 2012 musste das Unternehmen jedoch selbst Insolvenz anmelden.[84]

Anzumerken ist jedoch, dass die Situation in Deutschland nicht mit der in Österreich vergleichbar ist. So existieren in Österreich sog. bevorrechtete Gläubigerschutzverbände. Diese Bevorrechtung umfasst einen rechtlichen[85] und einen wirtschaftlichen Aspekt.

Für den wirtschaftlichen Aspekt ist der § 87a IO entscheidend, der die „Belohnung" der Gläubigerverbände regelt. Dennoch sind die Verbände nicht auf Gewinn gerichtet und dienen neben den Interessen ihrer Mitglieder auch den Gläubigerinteressen im Allgemeinen.[86]

---

79 Vgl. Fn. 63.

80 Laut einer Erhebung des Institutes für Mittelstandforschung Bonn von 2009 lag die durchschnittlich erreichte Quote bei 5.4%, IfB-Materialien Nr. 186.

81 Vgl. *Pape*, NZI 2006, 65.

82 *Smid*, in: Leonhardt/Smid/Zeuner, InsO, § 160 Rn. 2.

83 KVS 1970: aber auch in Deutschland wurde dieses Modell schon in Zeiten der Weimarer Republik von *Leopold Levy* vorgeschlagen, siehe: Gläubigerschutz im Gläubigerausschuß, Konkurs- und Treuhandwesen, 1928, S. 44.

84 Kritisch zur Praxis der Gläubigerschutzvereinigungen: *Förster*, ZInsO 2011, 1593–1594.

85 Beispielweise die Rechtsmittelbefugnis gemäß § 71 c Abs. 1 IO.

86 Vergleiche etwa die Statuten des „AKV Europa- Alpenländischer Kreditorenverband", http://www.akv.at/unternehmen/statuten (Abrufdatum: 08.12.2013).

Die Vorfeldarbeit ist durchaus sinnvoll, denn – wie *Schumann* schon bemerkte – fallen Insolvenzen nicht „*wie Blitze aus heiterem Himmel*" herab.[87]

Als Lösung kommt auch hier eine stärkere Gläubigereinbindung in Betracht. So wollen institutionelle Gläubiger wie Krankenkassen, Rentenversicherungsträger, Berufsgenossenschaften und Finanzverwaltungen künftig ihre Interessen bündeln, um einen stärkeren Einfluss auf die Verfahren nehmen zu können. Inwieweit dies aber in Deutschland zu realisieren ist, bleibt abzuwarten.

X. Wechsel der Entscheidungsbefugnisse

Der Schuldner hat sich durch seine vergangenen geschäftlichen Entscheidungen in den meisten Fällen als ungeeignet erwiesen (alleine)[88], seine wirtschaftliche Krise zu meistern, so dass die ehemaligen Entscheidungsbefugnisse des Schuldners nun an die Gläubiger, den Insolvenzverwalter und das Insolvenzgericht übergeben werden.

Vor Eröffnung des Insolvenzverfahrens oblag die gesamte Entscheidungsgewalt über das eigene Vermögen dem Schuldner selbst. Ab dem Zeitpunkt der Eröffnung des Insolvenzverfahrens verliert der Schuldner die Verwaltungs- und Verfügungsbefugnis über sein Vermögen an den Insolvenzverwalter, § 80 Abs. 1 InsO. Dem Schuldner bleibt in dieser Situation lediglich die Rechtsträgerschaft.[89] Es kommt somit zu einer Verantwortungsverschiebung. Die Gläubiger übernehmen im Falle einer Unternehmensinsolvenz die Neuordnung der Geschäfte oder gegebenenfalls auch die Aufteilung des noch vorhandenen Vermögens.[90]

Die Neuordnung der Machtverhältnisse wirft unweigerlich die Frage auf, in welchem Verhältnis die neuen Entscheidungsgeber zueinander stehen. Dies ist und war immer wieder Gegenstand von Gesetzesreformen und wurde zuletzt wieder zugunsten der Gläubigerautonomie entschieden.[91]

XI. Notwendigkeit der Mehrheitsentscheidung

Die Gläubiger werden sich als „*Zwangskollektiv*"[92] während des Verfahrens nicht immer einig sein, wie in der Gläubigerversammlung am besten abzustimmen sei.

---

87 *Schumann*, DJ 1935, 1212.
88 Im Fall des Insolvenzplans ist immer noch die Zustimmung des Schuldners erforderlich (§ 247 Abs. 1 InsO).
89 *Häsemeyer*, 1. Kap. Rn. 1. 15.
90 Vgl. Einleitung, S. 3.
91 Vgl. Einleitung, S. 3.
92 *Hänel*, S. 63 ff.

Obwohl alle Gläubiger dasselbe Ziel verfolgen, werden sie meist unterschiedliche Auffassungen vertreten, wie dieses zu erreichen sei. Dennoch muss ein Konsens zwischen ihnen gefunden werden, da ein Stillstand dem Verfahren nie dienlich sein kann.

Dabei kann es zu den unterschiedlichsten Interessenkonflikten kommen, die sich zum Teil nicht ohne weiteres aus dem Zusammenhang klar ergeben, wie ein Fall vor dem Amtsgericht Götting aus den Jahr 2009 zeigt:

Das Finanzamt wollte ein vom Schuldner weit unter Verkehrswert ersteigertes Grundstück im Insolvenzverfahren rückabwickeln. Diese Rückabwicklung hätte dem Insolvenzverfahren offenkundig geschadet. Das Finanzamt Göttingen verfolgte damit „quasi eigene“ insolvenzfremde Zwecke, da die gewünschte Einsetzung in den vorherigen Stand der Finanzbehörde vor Ort wiederum Vorteile gebracht hätte.[93]

Die Mehrheit muss also entscheiden. Diese aufgrund von Mehrheitsentscheidungen erzielten Ergebnisse sind der unmittelbare und reine Ausdruck der Gläubigerautonomie.

XII. Balance zwischen Gläubigerautonomie und Beschleunigungsgrundsatz

Verfahrensleitende Entscheidungen – gerade wenn es um Unternehmensinsolvenzen geht – müssen aber zum Wohle aller Beteiligten möglichst schnell getroffen werden, damit weitere finanzielle Verluste vermieden werden.[94] Der im Insolvenzrecht somit geltende Beschleunigungsgrundsatz[95] muss nichtsdestotrotz mit der Gläubigerautonomie in Einklang gebracht werden. Dabei darf das Prinzip der Gläubigerautonomie nicht zu einem reinen Konstrukt verkommen, das nur auf theoretischer Ebene existiert. Es muss eine ausgewogene Balance zwischen dem Beschleunigungsgrundsatz und der Gläubigerautonomie gefunden werden.

B. Zwischenergebnis

Rechtlich stellt das Insolvenzverfahren ein komplexes Gebilde dar. Definition und Maßstäbe aus anderen Rechtsgebieten müssen auf ihre Tauglichkeit in Bezug auf das Insolvenzrecht geprüft werden.

So vertritt *Vielsäcker*, dass aufgrund der besonderen Schutzrichtung der gesamten Insolvenzordnung das in § 148 InsO vorausgesetzte Herrschaftsverhältnis nicht ohne weiteres mit dem allgemeinen zivilrechtlichen Besitz

---

93 AG Götting, Beschl. v. 28.07.2009, 71 IN 151/07.

94 Vgl. zur Verfahrensbeschleunigung allein *Mohrbutter*, in: Mohrbutter/Ringstmeier, Insolvenzverwaltung, § 1 Rn. 54.

95 Vgl. Einleitung.

gleichgestellt werden könne, obwohl der Besitzbegriff in der Insolvenzordnung sich auf keinen Besitz sui generis beziehe.[96]

Das Insolvenzrecht stellt eine „*eigenständige Materie*“[97] mit speziellen Regeln und Besonderheiten dar.[98] Aber nicht zuletzt die Gemengelage der unterschiedlichen Gruppen von Beteiligten innerhalb eines *einzigen* Verfahrens sucht ihres Gleichen.[99] Die unterschiedlichen Interessen müssen in Einklang gebracht werden.

Der strenge Ablauf des Verfahrens verleiht diesem Struktur und Ordnung. Als Kontrollinstanz fungiert hierbei das Insolvenzgericht. Der gewählte Ordnungsmechanismus birgt jedoch Kompetenzkonflikte in sich. Beide Elemente, Gläubigerautonomie und das Bedürfnis eines geordneten Verfahrens müssen in ein ausgewogenes Verhältnis gebracht werden.

C. Schwierigkeiten der Praxis

Die Stimmrechtsfestsetzung kann für den zuständigen Rechtspfleger bedeuten, dass er *ad hoc* im Berichtstermin über das Bestehen einer Forderung zu entscheiden hat, die unter Umständen schon seit Jahren in einem anderen Verfahren rechtshängig ist, ohne dass es dort zu einer Entscheidung durch ein Fachgericht gekommen ist. Die summarische Prüfung der betroffenen Forderung durch den Rechtspfleger läuft im Prinzip auf ein Schätzen hinaus.[100] In der Regel wird der Rechtspfleger daher versuchen, sich vor unliebsamen Überraschungen zu schützen, indem er die Anmeldefrist vor dem Berichtstermin ablaufen lässt. Tut er dies nicht, so fällt bei einer kurzfristigen Anmeldung im Termin seine wichtigste Informationsquelle in Gestalt des Insolvenzverwalters weg, der in diesem Falle wohl auch erst einmal keine Informationen haben dürfte.

Generell sollte die Festsetzung der Stimmrechte zu den schwierigsten Aufgaben des Insolvenzgerichts gezählt werden.

Das Gesetz (§ 77 Abs. S. 1 InsO) ist auch nicht über die Maßen aussagekräftig:

> *„Ein Stimmrecht gewähren die Forderungen, die angemeldet und weder vom Insolvenzverwalter noch von einem stimmberechtigten Gläubiger bestritten worden sind.“*

---

96 *Vielsäcker*, S. 244.

97 So die treffende Formulierung von *Bähr/Smid*, S. 17.

98 Zur wechselseitigen Beeinflussung zwischen dem Insolvenzrecht und den Regelungen des bürgerlichen Rechts, *Kiesbye*, S. 288.

99 Dieser Frage geht auch *Jackson* nach, der die Probleme kollektiver Willensbildung untersucht, in: The logics and limits of bankruptcy law, passim.

100 Sehr aufschlussreich ist in diesem Zusammenhang die von *Preß* erstellte sog. „Checkliste“ zur Festsetzung eines Stimmrechts, in: HamKomm, InsO, § 77 Rn. 8a.

Aus dem Wortlaut lässt sich zunächst nur entnehmen, dass Forderungen, die angemeldet und nicht bestritten wurden, ein Stimmrecht zu gewähren ist. Für die praktische Anwendung der Norm bedeutet dies, dass die Gewährung des Stimmrechts also 1. von der Anmeldung und 2. dem „Nicht-bestritten-Werden" der Forderung abhängt.

Lediglich bestrittene Forderungen sind im Prüfungstermin einzeln zu erörtern, § 176 S. 2 InsO. Für den einen oder anderen Rechtspfleger könnte sich jedoch trotzdem an dieser Stelle die Frage stellen, ob er eine Prüfung der Forderung *vor* oder *nach* der Feststellung der Stimmrechte vornimmt.

Das Stimmrecht hängt zwar vom Bestehen der Forderung ab; und wenn das Insolvenzgericht über ein Stimmrecht entscheidet, muss es die Forderung prüfen, auf deren Grundlage das Stimmrecht vergeben wird, aber rein aus dem Wortlaut des § 77 InsO ist dies nicht ablesbar.

Problematisch wird es, wenn Berichts- und Prüfungstermin auseinanderfallen und es im Berichtstermin zu einer Abstimmung kommen soll, obwohl keine Einigung über Stimmrechte erzielt werden konnte. Es erscheint dann zweifelhaft, ob eine Forderungsprüfung in den Berichtstermin vorgezogen werden darf. Im Insolvenzplanverfahren ist diese Problemstellung viel deutlicher im Gesetz geregelt. § 236 S. 1 InsO besagt ganz klar, dass der Erörterungs- und Abstimmungstermin nicht vor dem Prüfungstermin stattfinden darf. Die Termine können allerdings verbunden werden, § 236 S. 2 InsO.

Angesichts solcher schon technischer Schwierigkeiten, verwundert es nicht, wenn die Bedeutung der Stimmrechte oder gar ihre verfassungsrechtliche Dimension in der Praxis häufig nicht erfasst werden.

D. Weitere Hürden der Gläubigerautonomie

I. Unerfahrene Gläubiger

Aber nicht nur Effektivitäts- und Ökonomieerwägungen können den Grundsatz der Gläubigerautonomie ins Wanken bringen. So sind es auch die Besonderheiten des Verfahrens selbst, die eine Selbstverwaltung der Gläubiger in Frage stellen können.

In größeren Insolvenzverfahren wird es neben den typischen institutionellen Gläubigern (z. B. Pensions- und Sicherungs- Verein, Sozialversicherungsträger, Fiskalverwaltung und die Bundesagentur für Arbeit)[101] auch eine Vielzahl von

101 Institutionelle Gläubiger sind solche, die klassischerweise am Insolvenzverfahren teilnehmen, *Uhlenbruck,* in: Uhlenbruck, InsO, § 73 Rn. 8. Diese Gläubiger können

unerfahrenen Gläubigern geben, die mit der Eröffnung eine „*terra incognita*“[102] betreten. Für sie kann schon eine korrekte Forderungsanmeldung ein Hemmnis darstellen.

Es stellt sich somit die Frage, ob diese Gläubiger in der Lage sind, überhaupt ihre Interessen im Verfahren selbst wahrzunehmen.[103]

II. Fehlende Beteiligung

Neben dem „*Können*“ kann aber auch das „*Wollen*“ der Gläubiger in Zweifel gezogen werden. Wie bereits erwähnt kann aufgrund geringer Quoten die Teilnahme am Verfahren für den Gläubiger nur einen unnötigen finanziellen und zeitlichen Aufwand bedeuten, der in keinem Verhältnis zum Ertrag steht.[104] Somit besteht die Gefahr einer gewissermaßen durch den Gesetzgeber aufgedrängten Autonomie, die im Grunde kaum einer möchte. Der Gesetzgeber begegnete dem Phänomen der sog. „Leerversammlung“ durch die Schaffung des § 160 Abs. 1 S. 3 InsO, der bei besonders bedeutsamen Rechtshandlungen die Zustimmung der beschlussunfähigen Gläubigerversammlung fingiert.[105]

III. Nichtgewährung von Stimmrechten

Geht man im Gegensatz zum dem unter Punkt II Gesagtem von dem Standpunkt einer gewollten Gläubigerautonomie aus, muss diese über Stimmrechte auszuüben werden. Die Stimmrechtsgewährung kann jedoch für den betroffenen Gläubiger zum Hindernislauf werden. Er wird gewissermaßen zum Spielball zwischen den bereits stimmberechtigten Gläubigern, dem Insolvenzverwalter und dem Insolvenzgericht.

Die bereits stimmberechtigten Gläubiger und der Insolvenzverwalter können die Forderung des anmeldenden Gläubigers bestreiten, § 77 Abs. 1 S. 1 InsO.

Wobei es nicht ausgeschlossen werden kann, dass dies auch zu insolvenzfernen Zwecken geschieht.[106]

---

auch Mitglied im Gläubigerausschuss nach § 67 InsO werden. Handelt es sich bei dem Gläubiger um eine Behörde, kann ein Beamter zum Mitglied bestellt werden, *Uhlenbruck*, in: Uhlenbruck, InsO, § 67 Rn. 15.

102 *Lat.* für unbekanntes Land, vgl.: *Stowasser*, S. 510 und 255.

103 An diesem Punkt setzen die Gläubigerinteressenverbände an, die den Gläubigern sozusagen die Teilnahme am Verfahren abnehmen.

104 *Ehricke*, NZI 2000, 57 f.

105 *Frind*, ZInsO 2012, 1727.

106 Über § 4 InsO gilt aber auch hier die Wahrheitspflicht nach § 138 ZPO.

Wurde die Forderung bestritten und das Stimmrecht somit zunächst verwehrt, steht noch die Möglichkeit im Raum, dass nun Verwalter und stimmberechtigte Gläubiger sich über die Nichtvergabe des Stimmrechts gemäß § 77 Abs. 2 S. 1 InsO einigen.[107]

Für den Gläubiger, der in diesem Fall mit keinem Stimmrecht bedacht wurde, folgt daraus, dass diese Entscheidung vom Insolvenzgericht nicht überprüft wird, da es ja zur gesetzlich verlangten Einigung gekommen ist. Nur wurde diese eben zu Lasten des anmeldenden Gläubigers getroffen.

Fraglich ist, ob diese „negative" Einigung rechtmäßig sein kann.

Höchstrichterlich ist dies nicht entschieden, und die Literatur äußert sich unterschiedlich dazu.[108] Für die insolvenzrechtliche Praxis dürfte dies zu Unsicherheiten führen.

Diese Behandlung mag zum einen darin begründet sein, dass die Beachtung und Stärkung der Gläubigerautonomie zwar stets formelhaft beschworen wird, aber u. a. zu Gunsten der Effizienz des Verfahrens[109] praktisch als nicht durchsetzbar erachtet wird. So wird die Einschränkung von Stimmrechten, welche die Instrumente der Gläubigerautonomie schlechthin darstellen, schlicht nicht als problematisch empfunden. Ins Blickfeld geraten eher verfahrenstechnische Erwägungen. So warnt etwa *Frind* vor einer sog. *„Festsetzung auf Null"*[110], damit die Situation des § 160 Abs. 1 S. 3 InsO nicht „künstlich" geschaffen werde.[111] Die Vorschrift des § 160 Abs. 1 S. 3 InsO enthält eine Generalklausel mit Zustimmungsfiktion, ansonsten soll diese Vorschrift jedoch gerade die Gläubigerautonomie in Bezug auf wesentliche Entscheidungen gewährleisten.[112]

Die konkrete Fragestellung, ob der Stimmrechtsentzug rechtlich möglich sei, sucht man in der Literatur meist vergeblich. Insbesondere wird kaum ein Zusammenhang zwischen der aktiven Verfahrensteilnahme der Gläubiger und dem Schutz des rechtlichen Gehörs gemäß Art. 103 Abs. 1 GG hergestellt.[113]

---

107 Diese Zusammensetzung der sich Einigenden befürwortend: *Kübler*, in: Kübler/Prütting/Bork, InsO, § 77 Rn. 16; *Delhaes*, in: Nerlich/Römermann, InsO, § 77 Rn. 4.

108 Vgl. Erster Teil, 1. Kap., A.

109 Siehe hierzu: *Frind*, ZInsO 2011, 1569–1576.

110 Bezogen auf das Stimmrecht, welches sich nach der Forderungshöhe bemisst.

111 *Frind*, ZInsO 2011, 1728.

112 *Dithmar*, in: Braun, InsO, § 160 Rn. 1.

113 So zum Beispiel ohne weitere Kritik oder Bezugnahme auf Art. 103 Abs. 1 GG: *Kübler*, in: Kübler/Prütting/Bork, InsO, § 77 Rn. 3; auch in einer umfangreichen Untersuchung, die sich ganz dem Grundrechtsschutz in der Insolvenz widmet, die Frage, ob die Versagung eines Stimmrechtes zu einer Verletzung des Anspruchs auf rechtliches

Darüber hinaus ist zu unterscheiden, ob ein Richter oder Rechtspfleger über die Vergabe eines Stimmrechts entschieden hat.

Bestimmt das Insolvenzgericht über die Vergabe des Stimmrechts, dann ist diese Entscheidung unanfechtbar.[114] Einzig wenn ein Rechtspfleger zuständig war und sich diese Entscheidung auf das Ergebnis einer Abstimmung ausgewirkt hat[115], kann eine Überprüfung der Stimmrechtsvergabe auf Antrag eines Gläubigers oder des Insolvenzverwalters erfolgen, § 18 Abs. 3 S. 2 RPflG.[116]

Zweifelhaft ist jedoch im jedem Fall, ob die Gläubigerautonomie einen hinreichenden Schutz hinsichtlich ihrer praktischen Umsetzung im insolvenzrechtlichen Alltag genießt.

2. Kapitel: Illustration der unterschiedlichen Problematiken

Folgende Bespiele aus der verfahrensrechtlichen Praxis des Insolvenzrechts sowie ausgewählte höchstrichterliche Entscheidungen sollen einen Eindruck der unterschiedlichen Problematiken vermitteln, die sich hinsichtlich der Stimmrechtsvergabe ergeben können. Zudem stecken diese Entscheidungen den Rahmen ab, in welchem den Gläubigern hinsichtlich ihrer Stimmrechte ein – wenn auch nur geringer – Grundrechtsschutz zuerkannt wird.

A. Stellenwert der Forderungsanmeldung

I. Auseinanderfallen von Berichtstermin und Prüfungstermin

Die Gewährung eines Stimmrechts und die (zumindest vom Insolvenzverwalter und den stimmberechtigten Gläubigern bzw. vom Insolvenzgericht angenommene)[117] Existenz der dementsprechenden Forderung dieses

---

Gehör nach Art. 103 Abs. 1 GG führe, *nicht* besprochen wird: *Werres*, Grundrechtsschutz in der Insolvenz, Schriftenreihe der Hochschule Speyer, Bd. 183, 2009.

114 § 6 Abs. 1 S. 1 InsO bestimmt, dass gegen Entscheidungen des Insolvenzgerichts nur in den Fällen Rechtsmittel eingelegt werden können, in denen diese gesetzlich vorgesehen sind. Bzgl. der gerichtlichen Stimmrechtsvergabe sieht die InsO kein Rechtsmittel vor.

115 Vgl. AG Mönchengladbach, NZI 2001, 48: Der Beschluss beleuchtet die Mitursächlichkeit einzelner Stimmrechtsentscheidungen auf eine Abstimmung.

116 Dazu bedarf es eines Antrages eines Gläubigers oder des Insolvenzverwalters bis zum Ende der Gläubigerversammlung, *Herzig*, in: Braun, InsO, § 77 Rn. 21.

117 Die Forderung muss also für die Stimmrechtsvergabe nicht bestehen. Es ist ausreichend, wenn weder die stimmberechtigten Gläubiger noch der Insolvenzverwalter das Bestehen der Forderung in Zweifel ziehen.

Gläubigers sind untrennbar miteinander verbunden. Dennoch können formelle und materielle Rechtslage in der Weise auseinanderfallen, dass einem Gläubiger, ohne eine ihm zustehende Forderung gegen den Insolvenzschuldner, ein Stimmrecht gewährt wird. Die Vergabepraxis der Stimmrechte muss indes so gestaltet sein, denn die Ausübung des Stimmrechts kann nicht in jeder Verfahrensphase von einer hundertprozentig ordnungsgemäßen Forderungsanmeldung bzw. von der Prüfung und Existenz der Forderung abhängen.[118]

Dies beweist auch die Tatsache, dass Berichtstermin und Prüfungstermin zeitlich auseinanderfallen können, § 29 Abs. 2 InsO. Die vielzitierten Würfel fallen aber schon vor der Prüfung der Forderung im Berichtstermin, denn insbesondere die Wahl des Insolvenzverwalters wird dann schon früher getroffen. Stimmrechte müssen also zur Abstimmungsmöglichkeit auch erteilt werden.

Umgekehrt hängt die Quote aufgrund einer bestehenden Forderung jedoch nicht von dem vorher erteilten Stimmrecht ab. Gläubiger bestrittener Forderungen können ihre Rechte im Wege einer Feststellungklage betreiben, §§ 179, 180 InsO.[119]

II. Anmeldung einer lediglich behaupteten Forderung

Forderungsanmeldungen können jedoch auch missbräuchlich ergehen.

1. Beispielsfall: Der „erfundene“ Gläubiger

Ein Schuldner über dessen Vermögen das Insolvenzverfahren eröffnet ist, möchte sich die damit verbundenen Unannehmlichkeiten ersparen und schmiedet zu diesem Zweck einen Plan:

Zum Prüfungstermin will er entweder seine mittellose Ehefrau oder einen Freund, der im Ausland lebt (Grund hierfür wäre der erhöhte Aufwand durch eine spätere Zustellung und Klage im Ausland, sowie Übersetzungen usw.) schicken. Die Ehefrau bzw. der Freund behauptet nun, eine Forderung gegen den Schuldner geltend machen zu können. Nach der Gewährung eines entsprechenden Stimmrechts werden im weiteren Verlauf munter eine ganze Reihe von Forderungen von diesem Gläubiger bestritten. Die nichttitulierten Gläubiger würden sich unter diesen Umständen die Einreichung einer Feststellungsklage bezüglich ihrer Forderungen sicherlich zweimal überlegen.

---

118 Vgl. Erster Teil, 1. Kap., C.

119 Es bedarf dieses Verfahrens außerhalb des Insolvenzverfahrens, da das Insolvenzgericht die bestrittene Forderung nicht feststellen kann, *Smid*, in: Leonhardt/Smid/Zeuner, InsO, § 180 Rn. 2.

Die Frage ist nun, ob die Ehefrau bzw. der Freund die Forderungen der anderen Gläubiger wirksam bestreiten kann. § 178 Abs. 1 S. 1 InsO stellt klar, dass eine Forderung als festgestellt gilt, soweit gegen sie weder im Prüfungstermin noch im schriftlichen Verfahren ein Widerspruch erhoben wurde. Als widerspruchberechtigt werden sowohl der Insolvenzverwalter als auch die Insolvenzgläubiger ausgewiesen.

Laut Legaldefinition des § 38 InsO ist derjenige Insolvenzgläubiger, der zum Zeitpunkt der Eröffnung des Insolvenzverfahrens einen *begründeten* Vermögensanspruch gegen den Schuldner hat. Ob diese Forderungsbegründung gerechtfertigt ist, muss im Prüfungstermin *irgendwie* entschieden werden. Da es sich dabei nur um eine Art Momentaufnahme handeln kann, in welcher eine Entscheidung getroffen werden muss, kann es nicht von der objektiven Lage in Form der Forderungsexistenz abhängen. Dementsprechend wird in der Literatur auch vertreten, es sei nur erforderlich, dass der widersprechende Gläubiger seine Forderung angemeldet hat und diese zur Prüfung zugelassen wurde.[120] Begründet wird dies zum Teil damit, dass dem Gläubiger in Hinblick auf Art. 103 Abs. 1 GG die Teilnahme am Verfahren nicht aufgrund einer vermeintlich nicht bestehenden Forderung verwehrt werden darf.[121]

Die Frage, die sich nun stellt, ist aber, wann eine Forderung zur Prüfung zugelassen ist. Eine in der Praxis vertretene Möglichkeit, einem möglichen Missbrauch entgegenzutreten, ist die Taktik, den Berichts- und Prüfungstermin zusammenzulegen, und zwar zu einem Zeitpunkt, wenn auch schon die Anmeldefrist abgelaufen ist.

Zwar ordnet der § 79 Abs. 1 S. 1 InsO an, dass im Prüfungstermin auch Forderungen zu prüfen sind, die nach Ablauf der Anmeldefrist angemeldet wurden, aber § 179 Abs. 1 S. 2 InsO eröffnet in diesem Fall die praktische Möglichkeit, dieser Prüfung ebenfalls zu widersprechen. Die Prüfung wird dann auf Kosten des Säumigen in einem gesonderten Termin vorgenommen, oder es erfolgt die Anordnung des schriftlichen Verfahrens, § 179 Abs. 1 S. 2 InsO.

Diese Vorgehensweise kann aber nur den Stellenwert eines taktischen Winkelzuges haben. Auch hier wird wieder deutlich, dass die sorgsame Prüfung von bestrittenen Forderungen unerlässlich ist.

---

120 *Smid*, in: Leonhardt/Smid/Zeuner, InsO, § 178 Rn. 17.

121 *Smid*, ebenda.

2. Verteidigungsmittel des „bestrittenen Gläubigers“: Einwendung gegen das Schlussverzeichnis, § 194 InsO

§ 194 InsO schafft einen Weg, dem unredlichen Gläubiger Einhalt zu gebieten.[122] So räumt diese Vorschrift dem Gläubiger, gegen dessen Forderung zu Unrecht Widerspruch erhoben wurde, die Möglichkeit ein, dass er gegen das Verteilungsverzeichnis verfahrensrechtliche[123] Einwendungen beim Insolvenzgericht erhebt. Dazu ist nur erforderlich, dass der Insolvenzgläubiger seine Forderung angemeldet hat (auch hier kommt es gemäß § 38 InsO nur auf die materiell bestehende Forderung gegen den Schuldner an). Es ist unerheblich, ob die Forderung bestritten wurde.[124] Wenn es jetzt dazu kommt, dass unberechtigterweise die Forderung eines Gläubigers bestritten wird, kann der betroffene Gläubiger seinerseits einwenden, dass derjenige, der die Forderung bestreitet, mangels materieller Berechtigung kein Insolvenzgläubiger ist. Dies hat zur Folge, dass die Forderung nicht wirksam bestritten wurde und die Forderung damit als festgestellt gilt. Die Nichtaufnahme dieser Forderung in das Verzeichnis würde daher einen Verstoß gegen § 188 InsO bedeuten.[125]

Theoretisch wäre es auch denkbar, den Spieß an dieser Stelle umzudrehen, indem der Insolvenzverwalter den zu Unrecht „angegriffenen“ Gläubiger einfach trotzdem in die Tabelle aufnimmt. Dann wäre es an dem unredlichen Gläubiger zu begründen, dass die Forderung wirksam bestritten worden ist, d. h., er müsste darlegen, weshalb er Insolvenzgläubiger ist. Dies Vorgehen verstieße aber gegen die Gläubigerautonomie, die eben nicht gestattet, dass der Insolvenzverwalter als Wächter sich über die Handlungen der Gläubiger und nicht zuletzt über den Willen des Gesetzes hinwegsetzt.

III. Evident unrichtige Forderungsanmeldung

Vor diesem Hintergrund stellt sich auch allgemein die Frage, welchen Mindestanforderungen eine Anmeldung unterliegt und wann sie sich als evident unrichtig darstellt.

---

122 Dem Gläubiger wird durch die Vorschrift des § 194 InsO die Gelegenheit gegeben, das Verteilungsverzeichnis durch das Insolvenzgericht prüfen zu lassen, *Förster*, in: Haarmeyer/Wutzke/Förster, InsO, § 194 Rn. 6.

123 Vgl. *Preß*, in: Ham Komm, InsO, § 194 Rn. 2.

124 M. w. N. *Uhlenbruck*, in: Uhlenbruck, InsO, § 194 Rn. 2.

125 Die Aufnahme ins Verzeichnis ist auch für die Schlussverteilung unerlässlich, vgl. auch BGH, Urt. v. 11.12.2008 – IX ZR 156/07.

Grob kann man zunächst festhalten, dass eine Forderungsanmeldung evident unrichtig ist, wenn sie als solche nicht einmal erkennbar ist.

Hier zeigt sich jedoch gleich eine weitere Erschwernis für einen „Zufallsgläubigers", der sich anders als ein „Gewohnheitsgläubiger", nicht mit der Materie des Insolvenzrechts auskennt.

Die Schwierigkeiten, die materiell begründete Forderung ordnungsgemäß anzumelden, können vielfältig sein.

Ein gutes Bespiel ist das Insolvenzverfahren über die Wohnungsbaugesellschaft Leipzig West AG.[126] An diesem Verfahren waren mehr als 38.000 Gläubiger beteiligt, die über 45.000 Einzelforderungen zur Insolvenztabelle anmeldeten. Es handelte sich bei den Gläubigern hauptsächlich um Anleihegläubiger, die ihre Rechte aus Schuldverschreibungen herleiteten. Um eine Forderungsanmeldung aufzusetzen, stützten sich die meisten Gläubiger auf ihr ehemaliges Informationsmaterial, das ihnen einst die Gesellschaft als Geschäftsmodell angepriesen hatte.

Dort wurde aber nur die wirtschaftliche Funktion der Schuldverschreibung vorgestellt. Die rechtliche Beschreibung war schlicht irreführend. So wurden die Anleihegläubiger darauf hingewiesen, dass der Schuldnerin auf diese Weise ein Kredit gewährt würde. Darlehensverträge i. S. v. § 488 BGB wurden aber zwischen der Schuldnerin und den Gläubigern nicht geschlossen. Die Schuldverschreibungen verbriefen vielmehr das von der Schuldnerin als Emittentin den Anleihegläubigern abgegebene Leistungsversprechen, wonach der Inhaber des Papiers unmittelbar daraus gegen die Schuldnerin vorgehen kann.[127] Die Gläubiger meldeten aber nun fälschlicherweise Forderungen aus einem Darlehen i. S. v. § 488 BGB an. Die Forderungsanmeldung war damit unbegründet.

Um einer Feststellungsklage (§§ 179 ff. InsO) aus dem Weg zu gehen, sollte der Insolvenzverwalter den Gläubiger in so einem Fall informieren, damit eine ordnungsgemäße Anmeldung erfolgen kann. Fraglich ist hier nur die Vorgehensweise. Die Portokosten in einem – wie hier beschriebenen – Verfahren werden den finanziellen Rahmen des Verwalters wohl schon sprengen.

IV. Bestreiten des Ranges einer Forderung

Einen weiteren Problemfall stellt das Bestreiten des Ranges einer Forderung dar. Solch ein Widerspruch gemäß § 178 Abs. 1 InsO kann sich gegen die

---

126 Vgl. die Berichterstattung im Internet, etwa: http://www.faz.net/aktuell/finanzen/anleihen-zinsen/inhaberschuldverschreibungen-wbg-leipzig-west-anleihe-mit-risiko-1116717.html (Stand: 08.12.2013).

127 *Hüffer*, in: MünchKomm, BGB, § 793 Rn. 12 ff.

Anspruchsberechtigung, den Anspruchsgrund, die Anspruchshöhe oder den geltend gemachten Rang richten.[128] Wird der Rang einer Forderung explizit bestritten, weil der Insolvenzverwalter eine Forderung als nachrangig ansieht, und er beispielsweise einfach behauptet, es liege ein Gesellschafterdarlehen i. S. v. § 39 Abs. 1 Nr. 5 InsO und keine Insolvenzforderung vor, ist es fraglich sein, ob die Forderung überhaupt als angemeldet anzusehen ist. So ist es für die Anmeldung einer nachrangigen Forderung gemäß § 74 Abs. 3 InsO nötig, dass eine Aufforderung durch das Gericht zur Anmeldung vorliegt.

Man könnte sich jetzt im Fall des gerade benannten Beispiels auf den Standpunkt stellen, dass eine solche Anmeldung unzulässig sei und damit auch die Voraussetzungen für eine Feststellungklage fehlen würden. Als Begründung ließe sich anführen, dass die Anmeldung und Prüfung der Forderung gemäß § 179 InsO eine besondere Sachurteilsvoraussetzung der Feststellungklage sei. Folgt man dieser Ansicht, könnte somit durch jedes Bestreiten des Ranges einer Forderung der Rechtsweg des Gläubigers abgeschnitten werden. Dies kann aber so vom Gesetzgeber nicht gewollt sein, da so Forderungen zu einfach zu Fall gebracht werden könnten.

Es liegt eine Anmeldung einer Insolvenzforderung vor, die es dann im Wege der Feststellungsklage zu überprüfen gilt.

V. Anmeldung der Forderung im Prüfungstermin

In der Praxis wird das Ende der Anmeldefrist für die Forderungen meist vor den Prüfungstermin gelegt.[129] So soll verhindert werden, dass Insolvenzverwalter, Gläubiger und Insolvenzgericht in letzter Minute von Forderungsanmeldungen überrascht werden.

Dies soll einem reibungslosen Ablauf des Termins dienen. Meist wird der Insolvenzverwalter das Insolvenzgericht auch schon im Vorfeld „gewarnt" haben, ob keine Einigkeit zwischen den Beteiligten über das Bestehen der Forderungen herrscht. Dadurch wird auch eine eventuelle Stimmrechtsfestsetzung erleichtert. War das Insolvenzgericht aber nicht so umsichtig und die Anmeldefrist ist zum Zeitpunkt des Prüfungstermin nicht abgelaufen, so ist fraglich, ob die Forderung noch angemeldet werden kann. Zunächst muss das Schriftformerfordernis gemäß § 174 Abs. 1 S. 1 InsO eingehalten werden. *Kübler* vertritt jedoch die Auffassung, dass dies nicht praktikabel sei und auch solche Forderungen angemeldet

---

128 *Uhlenbruck*, in: Uhlenbruck, InsO, § 178 Rn. 7; *Schumacher*, in: MünchKomm, InsO, § 178 Rn. 9.

129 Vgl. Erster Teil, 2. Kap., A, II.

seien, derer sich der *„Gläubiger in der Versammlung ad hoc berühmt"*.[130] Wenn dies der Fall ist, kann jedoch darüber gestritten werden, ob der Insolvenzverwalter im Gerichtssaal den Zugang der Forderungsanmeldung verweigern kann.

Wenn man sich vor Augen führt, dass die Gläubigerautonomie das Insolvenzverfahren vornehmlich beherrscht und deren Ausübung von der Forderungsanmeldung des einzelnen Gläubigers abhängt, dann sollte diese nicht von „Förmelei" abhängen. Der Auffassung von *Kübler*[131] ist daher zu folgen.

B. Rechtswidrige Stimmrechtsfestsetzung durch das Insolvenzgericht

I. Verletzung des Anspruches auf rechtliches Gehör durch eine gerichtliche Stimmrechtsfestsetzung

Die insolvenzgerichtliche Stimmrechtsfestsetzung bewegt sich nicht immer in dem dafür vorgesehenen gesetzlichen Rahmen, sondern kann auch im Einzelfall willkürlich erfolgen, wie das folgende Beispiel aufzeigt:

In dem stattgebenden Kammerbeschluss des Bundesverfassungsgerichts vom 04.08.2004 wurde eine Verletzung der Beschwerdeführer in ihrem Recht aus Art. 103 Abs. 1 GG festgestellt.[132]

1. Hintergrund der Entscheidung

Die Beschwerdeführer erhoben Verfassungsbeschwerde gegen die richterliche Überprüfung einer durch einen Rechtspfleger getroffenen Stimmrechtsentscheidung, § 77 Abs. 2 S. 2 InsO und § 18 Abs. 3 S. 2 RPflG. Zunächst waren die betroffenen Forderungen bzw. ihr Rang als vorrangige Insolvenzforderung vom Insolvenzverwalter in der ersten Gläubigerversammlung bestritten worden.[133] Nachdem es zu keiner Einigung i. S. v. § 77 Abs. 2 S. 1 InsO gekommen war, entschied der Rechtspfleger zu Lasten der Beschwerdeführer bzgl. der Stimmrechtsvergabe, § 77 Abs. 2 S. 2 InsO.[134] Laut Terminsprotokoll enthielt der Beschluss jedoch keine dementsprechende Begründung.[135] Einen von den Beschwerdeführern gestellten Antrag auf Eigenverwaltung wies die Gläubigerversammlung

---

130 *Kübler,* in: Kübler/Prütting/Bork, InsO, § 77 Rn. 29.

131 Vgl. Fn. 118.

132 ZIP 2004, 1762–1764.

133 BVerfG, stattgebender Kammerbeschl. v. 04.08.2004, 1 BvR 698/03, 1 BvR 699/03, 1 BvR 700/03, 1 BvR 701/03, Rn. 3.

134 BVerfG, ebenda.

135 BVerfGE, ebenda.

daraufhin zurück.[136] Diese Stimmrechtsentscheidung musste daraufhin auf Antrag von sechs Gläubigern, die bereits ein volles oder anteiliges Stimmrecht innehatten, gemäß § 18 Abs. 3 S. 2 RPflG durch einen Insolvenzrichter überprüft werden.[137] Dieser entschied durch Beschluss, dass es *„bei der Stimmrechtsentscheidung des Rechtspflegers (…) sein Bewenden“ habe.*[138]

Als Begründung nannte der Beschluss, dass die Überprüfung der Stimmrechtsentscheidung keinen Nachteil für die sechs Gläubiger bedeutet hätte, die im Berichtstermin einen Überprüfungsantrag gestellt hätten.[139] Ein paar Monate später stellten die Beschwerdeführer ebenfalls einen Antrag auf richterliche Überprüfung der Stimmrechtentscheidung, die sie betraf.[140] Sie gaben an, sie hätten den Antrag auf Überprüfung schon im Termin vom 11.12.2002 gestellt, jedoch habe der Rechtspfleger sich geweigert, dies zu protokollieren[141] (Gemäß § 18 Abs. 3 S. 2 RPflG reicht eine Antragstellung im Termin aus).

Von den Beschwerdeführern wurde vorgetragen, dass die von ihnen angemeldeten Forderungen wirksam und nicht nachrangig seien.[142] Darüber hinaus könnten sie eine Überprüfung sämtlicher Stimmrechtsentscheidungen verlangen, also auch jener, die andere Gläubiger als sie selbst betroffen hätten, weil diese Stimmrechtsentscheidungen Einfluss auf die Mehrheitsverhältnisse in der Gläubigerversammlung gehabt hätten.[143] Dabei verwiesen sie zur Begründung auf einen Beschluss des Amtsgerichts Mönchengladbach.[144] Die Beschwerdeführer erstreckten mit einem Schriftsatz vom 21.02.2003 ihr Überprüfungsbegehren auch auf die Gläubiger, denen vom Rechtspfleger ein volles Stimmrecht zugesprochen worden war.[145] In Bezug auf ihre eigenen Forderungen beharrten die Beschwerdeführer weiter auf deren Bestehen. Sie

136 BVerfGE, ebenda.

137 BVerfGE, ebenda.

138 BVerfG, stattgebender Kammerbeschl. v. 04.08.2004, 1 BvR 698/03, 1 BvR 699/03, 1 BvR 700/03, 1 BvR 701/03, Rn. 4.

139 BVerfGE, ebenda.

140 BVerfG, stattgebender Kammerbeschl. v. 04.08.2004, 1 BvR 698/03, 1 BvR 699/03, 1 BvR 700/03, 1 BvR 701/03, Rn. 5.

141 BVerfG, stattgebender Kammerbeschl. v. 04.08.2004, 1 BvR 698/03, 1 BvR 699/03, 1 BvR 700/03, 1 BvR 701/03, Rn. 6.

142 BVerfG ebenda.

143 BVerfG ebenda.

144 AG Mönchengladbach, NZI 2001, 48.

145 BVerfG, stattgebender Kammerbeschl. v. 04.08.2004, 1 BvR 698/03, 1 BvR 699/03, 1 BvR 700/03, 1 BvR 701/03, Rn. 7.

bemängelten außerdem den Ablauf des Termins am 11.12.2002.[146] Der Rechtspfleger habe immer nur jene Gläubiger zu einem Widerspruch gegen angemeldete Forderungen befragt, denen zuvor ein Stimmrecht zuerkannt worden sei, nicht aber jene, über deren Forderung noch nicht beraten worden sei.[147] Die Beschwerdeführer traten unter Vorlage eidesstattlicher Versicherungen Beweis für ihre in tatsächlicher und rechtlicher Hinsicht aufgestellten Behauptungen an.[148] Darauf erwiderte der Verwalter mit einem Schriftsatz, der beim Amtsgericht am 26.02.2003 einging, dass er den Überprüfungsantrag für unzulässig und unbegründet halte.[149]

Die Forderungen seien von ihm aus verschiedenen Gründen bestritten worden. So seien sie im Termin nicht ausreichend plausibel dargelegt worden, seien von Rangrücktritten betroffen gewesen, es habe sich um eigenkapitalersetzende Forderungen gehandelt oder sie seien nicht genügend unter Beweis gestellt worden.[150] Am 12.032003 erging der mit der vorliegenden Verfassungsbeschwerde angegriffene Beschluss des Insolvenzgerichts. Im Rubrum wird nur die Schuldnerin genannt.[151] Außerdem enthält er den Satz: „*Bei dem Beschluss vom 17. Dezember 2002 hat es sein Bewenden.*“[152] Der Beschluss ging den Beschwerdeführern zusammen mit der Stellungnahme des Verwalters am 17.03.2003 zu.[153] Am 08.04.2003 erhoben die Beschwerdeführer Verfassungsbeschwerde. Sie rügten die Verletzung mehrerer Grundrechte. Sie waren der Auffassung, der Beschluss verletze Art. 103 Abs. 1 GG. Er enthalte keine wirkliche Begründung.[154] Dies zeige, dass ihr Antrag inhaltlich nicht geprüft worden sei.[155] Außerdem hätten sie keine Möglichkeit zur Replik gehabt, weil ihnen die Stellungnahme des Verwalters erst nach 14 Tagen zusammen mit dem Beschluss zugeleitet worden sei.[156] Darüber hinaus greifen die Beschwerdeführer Teile des Insolvenzrechts

146 BVerfG ebenda.

147 BVerfG ebenda.

148 BVerfG ebenda.

149 BVerfG, stattgebender Kammerbeschl. v. 04.08.2004, 1 BvR 698/03, 1 BvR 699/03, 1 BvR 700/03, 1 BvR 701/03, Rn. 8.

150 BVerfG ebenda.

151 BVerfG, stattgebender Kammerbeschl. v. 04.08.2004, 1 BvR 698/03, 1 BvR 699/03, 1 BvR 700/03, 1 BvR 701/03, Rn. 9.

152 BVerfG ebenda.

153 BVerfG ebenda.

154 BVerfG, stattgebender Kammerbeschl. v. 04.08.2004, 1 BvR 698/03, 1 BvR 699/03, 1 BvR 700/03, 1 BvR 701/03, Rn. 10.

155 BVerfG ebenda.

156 BVerfG ebenda.

an.[157] Eine effektive, insbesondere richterliche Kontrolle des Verwalters sei kaum möglich und werde auch nicht praktiziert.[158]

2. Rechtliche Würdigung

Die Kernaussage des Beschlusses besteht darin, dass die Vorschriften des § 77 Abs. 2 S. 2 InsO und des § 18 Abs. 3 S. 2 RPflG keine Berücksichtigung ohne den Vortrages der Betroffenen finden dürfen. Es muss auch zwingend nachvollziehbar sein, auf welcher Grundlage das Gericht seine Entscheidung getroffen hat.

Die Begründung wird auch nicht dadurch entbehrlich, dass der Betroffene die Gründe der Entscheidung kennt.[159]

Das Bundesverfassungsgericht führt dazu im Einzelnen aus:

> *„Art. 103 Abs. 1 GG verpflichtet ein Gericht unter anderem, den Vortrag der Beteiligten zu berücksichtigen, also zur Kenntnis zu nehmen und bei der Entscheidung in Erwägung zu ziehen. (...) Eine generelle Pflicht zur Begründung besteht jedenfalls für letztinstanzliche Gerichtsentscheidungen nicht. Ein Verstoß gegen Art. 103 Abs. 1 GG kann nur dann festgestellt werden, wenn sich aus besonderen Umständen ergibt, dass das Gericht seiner Pflicht zur Berücksichtigung nicht nachgekommen ist. Solche Umstände liegen etwa vor, wenn es auf den wesentlichen Kern des Vortrags eines Beteiligten zu einer zentralen Frage des jeweiligen Verfahrens in den Entscheidungsgründen nicht eingeht. In diesen Fällen ist auch bei einer letztinstanzlichen Entscheidung von einem Verstoß gegen Art. 103 Abs. 1 GG auszugehen.“*[160]

Da das Bundesverfassungsgericht den Verstoß gegen Art. 103 Abs. 1 GG bejahte, ließ es weitere Fragen offen.[161]

Zu den inhaltlichen Fragen in Bezug auf das Insolvenzrecht als solches wurde somit keine Stellung bezogen: *„Da sich die Rüge einer Verletzung des rechtlichen Gehörs als begründet erweist, kann offen bleiben, ob der angegriffene Beschluss inhaltlich den Anforderungen an eine willkürfreie Rechtsprechung genügt.“*[162]

---

157 BVerfG ebenda.

158 BVerfG ebenda.

159 BVerfG, stattgebender Kammerbeschl. v. 04.08.2004, 1 BvR 698/03, 1 BvR 699/03, 1 BvR 700/03, 1 BvR 701/03, Rn. 23.

160 BVerfG, stattgebender Kammerbeschl. v. 04.08.2004, 1 BvR 698/03, 1 BvR 699/03, 1 BvR 700/03, 1 BvR 701/03, Rn. 19; vgl. auch BVerfGE 83, 24, 35.

161 BVerfG, stattgebender Kammerbeschl. v. 04.08.2004, 1 BvR 698/03, 1 BvR 699/03, 1 BvR 700/03, 1 BvR 701/03, Rn. 25.

162 BVerfG, stattgebender Kammerbeschl. v. 04.08.2004, 1 BvR 698/03.

II. *„Securenta-Verfahren"*

Ein besonders aussagekräftiges Beispiel gerichtlicher Praxis zur Stimmrechtsfestsetzung, wie sie nicht stattfinden sollte, bietet das Securenta-Verfahren.[163]

1. Sachverhalt

Die Securenta AG, die damalige Hauptgesellschaft der Göttinger Gruppe[164], hatte über mehrere Jahre die „Securente" in Form einer sog. atypischen stillen Beteiligung als Altersvorsorge verkauft. Die Anleger wurden mit dem Versprechen hoher Steuerersparnisse geködert. Insgesamt soll es sich dabei um rund 200.000 Anleger und um ein Vertragsvolumen von ungefähr 2,5 Milliarden Euro gehandelt haben, vom dem bereits 900 Millionen eingenommen worden waren. Der Restbetrag sollte von den Anlegern in Ratenzahlung einbezahlt werden. Die Seifenblase dieses Steuersparmodells platzte jedoch u. a. aufgrund von Fehlinvestitionen und überhöhten Provisionszahlungen. Im Sommer 2007 wurde das Insolvenzverfahren über die Securenta AG vom Amtsgericht Göttingen eröffnet und K. zum Insolvenzverwalter bestellt. Einen Tag nach dem Eröffnungsbeschluss hob das Insolvenzgericht den Berichtstermin und den Prüfungstermin ersatzlos auf. Gleichwohl wurde eine Gläubigerversammlung terminiert, ohne dass von der Regelung des § 29 Abs. 2 InsO Gebrauch gemacht wurde. Von Seiten der Anleger wurde größtenteils befürchtet, dass K. sie als atypische stille Anleger zur vereinbarten Ratenzahlung zwingen wolle.

2. Geschehnisse während der Gläubigerversammlung

Während der Gläubigerversammlung rief das Insolvenzgericht den Tagesordnungspunkt „Entscheidung über das Stimmrecht zur Vorbereitung der einzelnen Abstimmungen" auf. Ausweislich des geführten Protokoll erklärte das Gericht hierzu: „Die Prüfung der Stimmrechte entfällt, wenn die Beschlüsse einstimmig oder mit deutlich unzweifelhafter Mehrheit gefasst werden." In diesem Zusammenhang wies das Gericht darauf hin, dass noch Forderungsanmeldungen eingegangen seien, die noch nicht gesichtet worden seien.

---

163 Siehe hierzu Smid, Sofortige Beschwerde des nach § 57 InsO neugewählten Insolvenzverwalters gegen den unter Verletzung von Amtsermittlungspflichten erlassenen Beschluss über die Vergütung des abgewählten Verwalters, ZInsO 2009, 650–653.

164 Eine sehr große Kapitalgesellschaft, die auf dem sog. „Grauen Kapitalmarkt" in Deutschland tätig war.

Dazu heißt es weiter im Protokoll: „Zunächst sollen daher die Abstimmungen vorgenommen werden und die Feststellung der einzelnen Stimmrechte zurückgestellt werden.“ Als nächster Tagesordnungspunkt wurden „Beschlüsse der Gläubigerversammlung, Wahl des Insolvenzverwalters“ verhandelt. Als Gegenkandidat für K ließ sich Rechtsanwalt R. zur Wahl als Insolvenzverwalter aufstellen.

Ausweislich der dem Protokoll beigefügten tabellarischen Darstellung nahm die Wahl folgenden Ausgang:
Rechtsanwalt K erhielt:

- Stimmen gerechnet in Forderungssummen
  1.53.255.823,67–1.58.255.823,67
- Stimmen gerechnet in Köpfen
  1.562–1.662

Rechtsanwalt R erhielt:

- Stimmen gerechnet in Forderungssummen
  290.705.954,35
- Stimmen gerechnet in Köpfen
  15.765

Setzt man nun voraus, dass die Forderungsanmeldungen den Anforderungen des § 174 InsO genügt haben, hätte die Neuwahl des Insolvenzverwalters gemäß § 57 S. 1 InsO eine zweifelsfreie Mehrheit von 65% gegen 35% der Stimmen ergeben, gerechnet in Forderungsbeträgen. Gemäß § 57 S. 2 InsO muss daneben auch eine Kopfmehrheit vorliegen. Laut Ergebnis hätte R danach sogar 90% der Kopfstimmen erhalten. Das Insolvenzgericht erklärte jedoch unverständlicherweise daraufhin: „*Eine unzweifelhafte Kopf-/Summenmehrheit lässt sich nicht feststellen.*“

Das Gericht begründete dies damit, dass zunächst die nicht geprüften Forderungsanmeldungen auf ihre Ordnungsgemäßheit hin untersucht werden müssten, um so zu einer genauen Aufzählung der Stimmen zu kommen.

3. Rechtliche Würdigung

Vor diesem Hintergrund mag man sich unter anderem die Frage stellen, inwieweit dem Insolvenzgericht freie Hand in seinen Entscheidungen gelassen wird und ob sich die Gläubiger überhaupt darauf verlassen, dass das Insolvenzgericht sich an die gesetzlichen Grenzen hält. Wie sehr ist das Insolvenzgericht in seiner Verfahrensleitung gebunden, und wie sehr hängen die Geschicke der Gläubiger vom Gutdünken der jeweiligen Insolvenzgerichte ab? Konkret auf diesen Fall bezogen stellt sich auch die Frage, wie die Erklärung des Insolvenzgerichts zu bewerten ist, es wolle auf eine Stimmrechtsüberprüfung verzichten, wenn sich eine eindeutige Mehrheit bei der Abstimmung zeige. Das Insolvenzgericht wollte sich die aufwendige Prüfung der Forderung ersparen, indem es erst einmal sondieren wollte, ob die Abstimmung eine Mehrheit fände.

Dies führt aber zu einem Paradoxon: Gläubiger stimmen ab, ohne dass ihnen Stimmrechte gewährt wurden.

4. Weitere rechtliche Probleme des „Securenta-Falls"[165]

Vorstandsmitglieder der Securenta AG waren auf Schadensersatz verklagt worden. Der erwähnte Verwalterwechsel hatte auch in dieser Hinsicht erhebliche Folgen, da erst R bereit gewesen war, Auskunft und Akteneinsicht über entscheidungserhebliche Tatsachen zu gewähren, so dass diese in der ersten Instanz – nach Ansicht des Gerichts – verspätet vorgetragen wurden. Die Berufungskläger wollten nun unter Zuhilfenahme genau bestimmbarer Urkunden die Haftung der Vorstandmitglieder begründen.

Das Berufungsgericht wies aber nun den Berufungskläger darauf hin, dass die Berufung wegen mangelnder Erfolgsaussichten gemäß § 522 Abs. 2 ZPO zurückgewiesen werde. Das Berufungsgericht hätte aber zunächst den Berufungsklägern Gelegenheit geben müssen, die Beweismittel glaubhaft zu machen, § 531 ZPO. Durch den gleich erfolgten Hinweisbeschluss verletzte das Berufungsgericht die Berufungskläger in ihrem Recht auf rechtliches Gehör nach Art. 103 Abs. 1 GG. *Smid* stellt die Faustformel auf: Art. 103 Abs. 1 GG ist verletzt, wenn kein Jurist die ZPO so auslegen und anwenden dürfe wie es im vorliegenden Fall seitens des Berufungsgerichts geschehen sei.[166]

C. Stimmrechtsfestsetzung ohne ordnungsgemäße Forderungsanmeldung und Einigungsversuch nach § 77 Abs. 2 S. 1. InsO

I. Zugrunde liegender Sachverhalt

Auf schriftlichen Antrag des Schuldners nach § 13 Abs. 1 InsO[167] wurde am 14.02.2006 mit Beschluss des Amtsgerichts das Insolvenzverfahren über das

165 Siehe hierzu die ausführliche Aufarbeitung des Falls: *Smid*, Zivilverfahrenslehre, in Vorbereitung.

166 *Smid*. Zivilverfahrenslehre, in Vorbereitung.

167 Das Wort „schriftlich" wurde mit dem Gesetz zur Vereinfachung des Insolvenzverfahrens eingefügt, Begr. Reg, abgedruckt in: *Balz/Landwehrmann*, S. 220.

schuldnerische Vermögen eröffnet und gemäß § 270 Abs. 1 S. 1 InsO die Eigenverwaltung[168] angeordnet. Der Schuldner legte am 21.03.2006 einen Insolvenzplan vor, der u. a. vorsah, dass in drei Gruppen abgestimmt werden sollte.

Anwaltlich vertreten wurde der Schuldner durch W. und F. W. war darüber hinaus ebenfalls Gläubiger des Schuldners.
Die Gruppen waren wie folgt eingeteilt:

- Gruppe 1:
  Absonderungsberechtigte Gläubiger (unter anderem eine Sparkasse)
- Gruppe 2:
  Anleger (Gläubiger, die Forderungen geltend machten, welche aus und/oder im Zusammenhang mit Rechtsgeschäften der European Trust Holding AG (ETH) gegen den Schuldner standen. Der Schuldner war Verwaltungsrat der ebenfalls insolventen ETH. Die Rechtsgeschäfte der ETH wurden im Übrigen auch von der Bundesanstalt für Finanzdienstleistungen (BAFin) beanstandet
- Gruppe 3:
  Nichtnachrangige Gläubiger

Im von einer Rechtspflegerin geleiteten Erörterungs-, Abstimmungs-, Verkündungstermin am 01.06.2006 wurde über die Stimmrechte der Gläubiger entschieden. 84 nichtnachrangige Gläubiger wurden aufgrund einer erteilten Vollmacht von Rechtsanwalt We. vertreten. Die Sparkasse als Gläubigerin der ersten Gruppe wurde ebenfalls von We. vertreten. Bemerkenswert daran war nun, dass die Prozessbevollmächtigten Rechtsanwälte W und F derselben Sozietät angehörten wie We. Vor Erörterung des Insolvenzplans und der Feststellung der Stimmrechte stellte das Gericht nun fest, dass die dem We. erteilten Vollmachten einen Verstoß gegen das Kollisionsverbot des § 43 a BRAO[169] darstellen würden und somit aufgrund einer Schutzgesetzverletzung gemäß §§ 134, 139

---

168 Dieses Verfahren dient der Verfahrensvereinfachung und der Kostensenkung, *Balz/Landwehrmann*, S. 528.

169 „*Schutzzweck des § 43 a Abs. 4 BRAO ist einerseits das Vertrauensverhältnis des Rechtsanwalts zum Mandanten und andererseits die Wahrung der Unabhängigkeit des Rechtsanwalts sowie die Gradlinigkeit der Berufsausübung. Der erste Schutzzweck steht hierbei zur Disposition des Mandanten, während die weiteren Schutzzwecke im Interesse des Gemeinwohls in Gestalt einer funktionsfähigen Rechtspflege liegen*“, Anwaltsgerichtshof Schleswig 1. Senat, Beschl. v. 20.05.2011 – 1 AGH 1/11.

BGB[170] nichtig seien. Davor war kein richterlicher Hinweis ergangen, der auf diesen Mangel aufmerksam machte. Laut dem gerichtlich geführten Protokoll wurde nicht erörtert, welche Forderungen ordnungsgemäß zur Tabelle angemeldet wurden und unter Umständen bestritten worden waren.

Die Verteilung der Stimmrechte war zu diesem Zeitpunkt somit nicht geklärt. Eine Einigung bezüglich der schon bestrittenen Forderungen wurde auch nicht angestrebt. Auch hieraus ergab sich kein gerichtlicher Hinweis. Im Gegensatz zu anderen Gläubigern wurde das Stimmrecht der 84 nicht nachrangigen Gläubiger, die durch We. vertreten wurden, nicht zuerkannt, da dessen Vollmacht unwirksam war. Eine gerichtliche Stimmrechtsfestsetzung lehnte die Rechtspflegerin ebenfalls ab.

Als anschließend auf dieser Grundlage über den Insolvenzplan abgestimmt wurde, galt die Sparkasse mangels wirksamer Vollmacht des We. als in der ersten Gruppe nicht erschienen. Der Plan wurde von der zweiten Gruppe ablehnt und von der dritten angenommen, so dass die Voraussetzungen zur Annahme des Plans nicht vorlagen, § 244 InsO[171]. Danach erfolgte ein richterlicher Hinweis, in welchem der Insolvenzrichter seine Auffassung des § 43a BRAO niederlegte und zur Gewährung des rechtlichen Gehörs die Stimmrechtsfestsetzung und Verhandlung aussetzte. Der Schuldner und Rechtsanwalt W. in seiner Eigenschaft als Gläubiger stellten einen Antrag auf Neufestsetzung des Stimmrechts gemäß § 77 Abs. 2 S. 2 InsO.

Dieser Antrag wurde durch richterlichen Beschluss mit der Begründung abgelehnt, dass die Stimmrechtsfestsetzung erfolgt sei, nachdem die Gläubiger sich nicht hätten einigen können. Ausweislich des geführten Protokolls wurde aber nicht über eine Einigung verhandelt.

Im weiteren Verlauf wurde ein weiterer Abstimmung- und Verkündungstermin durchgeführt, der jedoch keine neue Stimmrechtsfestsetzung nach sich zog. We wurde jedoch ausdrücklich zum Termin zugelassen und die Möglichkeit eingeräumt, Erklärungen abzugeben.

---

170 Vgl. auch AG Duisburg, Beschl. v. 08.10.2007. Dort heißt es wörtlich im Leitsatz: *„Ein Rechtsanwalt verstößt gegen das Verbot der Vertretung widerstreitender Interessen (§ 43 a Abs. 4 BRAO), wenn er in einem Insolvenzverfahren zugleich einen Drittschuldner oder einen Interessenten für die Übernahme von Teilen der Insolvenzmasse und einen Insolvenzgläubiger vertritt. Eine in dieser Lage erteilte Stimmrechtsvollmacht des Insolvenzgläubigers für den Anwalt ist unwirksam (§§ 134, 139 BGB). Eine vorausgehende konstitutive Zurückweisung des Anwalts durch den Versammlungsleiter ist nicht erforderlich.“*

171 *Jaffé*, in: FK, InsO, § 244 Rn. 6 ff.

1. Trennung zwischen Vollmacht und Mandat

Es erscheint schon sehr fraglich, ob die Vollmachten wirklich durch den vom Insolvenzgericht erkannten Verstoß gegen das Kollisionsverbot des § 43a BRAO als nichtig zu qualifizieren sind. So mag der Mangel das Kausalgeschäft der Vollmacht, also die anwaltliche Geschäftsbesorgung gemäß §§ 611, 675 BGB, betreffen, jedoch ist die Vollmacht als davon abstrakt zu betrachten. Somit wären die Vollmachten des We. wirksam gewesen.

2. Beachtung des § 89 ZPO

Doch auch die Vorschrift über den vollmachtlosen Vertreter der ZPO spricht für das Recht des We. an der Abstimmungsteilnahme. Die Vorschrift erlaubt, den vollmachtlosen Vertreter u. U. doch zur Prozessführung zuzulassen, § 89 Abs. 1 S. 1 ZPO. Diese einstweilige Zulassung erfolgt durch Beschluss des Gerichts, welcher eine Frist enthalten muss, bis wann der Vertretene eine Genehmigung oder Prozessvollmacht beibringen muss (§ 89 Abs. 1 S. 2 ZPO).[172] Die Vorschrift des § 89 ZPO hätte über § 4 InsO Anwendung gefunden.[173] Wird im streitigen Prozess ein Vollmachtsmangel bekannt, so kann sich das Gericht vertagen oder nach § 89 ZPO verfahren.[174] Es liegt im pflichtgemäßen Ermessen des Gerichts, den vollmachtlosen Vertreter trotzdem zur Prozessführung zuzulassen.[175] Der vollmachtlose Insolvenzgläubiger oder sein Vertreter kann sich natürlich nicht auf die Anwendung des § 89 ZPO verlassen[176]; zieht das Gericht jedoch diese Möglichkeit nicht einmal in Betracht, liegt ein Ermessensfehler in Form des Ermessensausfalls vor. Es liegen keine Hinweise vor, die darauf hindeuten, dass das Gericht in diesem konkreten Fall § 89 ZPO in Erwägung gezogen hat.

3. Konsequenzen der Verletzung des § 89 ZPO

Das Gericht hat außerdem seine Pflicht der materiellen Prozessleitung aus § 139 ZPO verletzt, indem es nicht auf die Regelung des § 89 ZPO hinwies. Der Gesetzgeber hat im Rahmen der Zivilprozessrechtsreform die Pflichten des

---

172 *Hüßtege*, in: Thomas/Putzo, ZPO, § 89 Rn. 3.

173 Die Vorschriften der ZPO können nur insoweit die der InsO ergänzen, wie sie anwendbar sind, d. h. sie nicht für den str. Zwei-Parteien-Prozess konzipiert wurden, *Smid/Leonhardt,* in: Leonhardt/Smid/Zeuner, InsO, § 4 Rn. 1.

174 *Vollkommer*, in: Zöller, ZPO, § 89 Rn. 1.

175 BGH, Urt. v. 07.03.2002 – VII ZR 193/01.

176 *Wenner/Schuster*, BB 2006, 2649, 2650.

Gerichts verschärft, durch Hinweise auf eine vollständige Erklärung über alle erheblichen und prozessualen Tatsachen hinzuwirken.[177]

Im Zwei-Parteien-Prozess muss das Gericht jedoch immer darauf achten, nicht über das eigentliche Ziel dabei hinauszuschießen und somit befangen zu erscheinen.[178] Über § 4 InsO ist auch die Vorschrift des § 139 ZPO auf das Insolvenzverfahren anwendbar, gleichwohl ist der Maßstab im nichtstreitigen Insolvenzverfahren noch höher anzusetzen. Schon im streitigen Verfahren dient die richterliche Hinweispflicht nicht zuletzt dem Gebot der Verfahrensbeschleunigung.[179] Dieser Aspekt ist im Insolvenzverfahren ungleich stärker zu berücksichtigen. Es stellt sich nunmehr die Frage, inwiefern die verfassungsmäßigen Rechte der betroffenen Gläubiger verletzt wurden.

In Betracht kommen eine Verletzung des rechtlichen Gehörs nach Art. 103 Abs. 1 GG und ein Verstoß gegen das Willkürverbot gemäß Art. 3 Abs. 1 GG. Das Bundesverfassungsgericht vertritt zwar die Auffassung, dass die Regelung des § 139 ZPO über die Gewährung rechtlichen Gehörs hinausgeht. Dadurch verletzt eine Einschränkung der Ausübung der ordnungsgemäßen materiellen Prozessleitung nicht unmittelbar den verfassungsrechtlich geschützten Bereich.[180] Es muss aber berücksichtigt werden, dass die Norm auch Ausdruck des Art. 6 Abs. 1 EMRK ist. Ein faires Verfahren ist nicht gewährleistet, wenn das Gericht nicht ausreichend den „Prozess"stoff mit den Parteien erarbeitet und genügend kommuniziert. Unterbleiben rechtliche gebotene Hinweise des Gerichts, liegt ein Verstoß gegen Art. 6 Abs. 1 EMRK vor.[181] Das Gericht hat in so einem Fall auch das Willkürverbot des Art. 3 Abs. 1 GG verletzt.[182]

4. Unrechtmäßigkeit einer richterlichen Stimmrechtsfestsetzung

Es kann verschiedene Gründe geben, warum eine richterliche Stimmrechtsfestsetzung unrechtmäßig ist. So kann sie beispielsweise ohne eine vorherige Einigung der Gläubiger erfolgen, oder die dementsprechende Forderung war nicht ordnungsgemäß angemeldet worden.

---

177 OLG Köln, Urteil vom 21.06.2006 - 17 U 93/05.

178 OLG Köln, Urteil vom 21.06.2006 - 17 U 93/05.

179 Hier in Bezug auf die Notwendigkeit eines hinreichend substantiierten Sachvortrages genannt, OLG Köln, Urt. v. 21.06.2006 - 17 U 93/05.

180 BVerfGE 60, 305, NJW 1982, 1636.

181 *Baumbach/Lauterbach/Albers/Hartmann, ZPO,* § 139 Rn. 105.

182 Vgl. BVerfGE 42, 64.

a) Richterliche Stimmrechtsfestsetzung ohne vorherigen Einigungsversuch der Gläubiger

Die Regelung des § 77 Abs. 2 S. 1 InsO ist unmittelbarer Ausdruck der Gläubigerautonomie.[183] Dementsprechend liegt ein Verstoß gegen die Gläubigerautonomie vor, wenn ein Stimmrecht vom Gericht festgesetzt wird, ohne dass es zu einem vorherigen Einigungsversuch der Gläubiger kam. Die Stimmrechtsfestsetzung ist in diesem Fall unrechtmäßig.

b) Behandlung einer nicht ordnungsgemäß angemeldeten Forderung

Ob ein Einigungsversuch vorlag, ist aber auch nicht immer sofort feststellbar. In dem konkreten Fall lag zum Zeitpunkt des Erörterungstermins keine den Anforderungen des § 174 Abs. 1 und Abs. 2 InsO genügenden Forderungsanmeldungen der Gläubiger der zweiten Gruppe vor. Damit war von vornherein sowohl einem Einigungsverfahren nach § 77 Abs. 2 S. 1 InsO als auch einer richterlichen Stimmrechtsfestsetzung nach § 77 Abs. 2 S. 2 InsO die Grundlage entzogen.[184] In so einem Fall, in welchem es an einer ordnungsmäßen Forderungsanmeldung mangelt, fußt die Stimmrechtsgewährung allein auf der materiellen Berechtigung des Gläubigers. Die Prüfungskompetenz über die materielle Berechtigung liegt gemäß § 179 Abs. 1 InsO nicht beim Insolvenzgericht (Im konkreten Fall hatte sich das Insolvenzgericht eine solche Forderungsprüfungskompetenz der materiellen Rechtslage auch nicht zugeschrieben). Dies folgt aus einem Umkehrschluss zu der Vorschrift. So bleibt es laut § 179 Abs. 1 InsO dem Gläubiger überlassen, ob er die Feststellung gegen den Bestreitenden betreiben will. Die Feststellung der Forderung erfolgt dann außerhalb des Insolvenzverfahrens. Das Insolvenzgericht ist nicht befugt, auf dieser Grundlage eine Stimmrechtsentscheidung zu treffen.

c) Beweiskraft des während der Gläubigerversammlung geführten Protokolls

Im genannten Beispielsfall heißt es im Beschluss des Insolvenzgerichts vom 10.07.2006, es sei zu einem Einigungsversuch der Gläubiger gekommen.

In dem während der Gläubigerversammlung geführten Protokoll wird jedoch kein Einungsversuch vermerkt. Zu klären ist, was in Bezug auf den Einigungsversuch gilt: der Beschluss oder die Beweiskraft des Protokolls? Gemäß § 4 InsO findet die Regelung des § 165 ZPO auch in das Insolvenzverfahren Eingang. § 165 S. 1 ZPO legt fest, dass nur durch das Protokoll die Beachtung der für die

183 Vgl. dazu *Smid*, in: Leonhardt/Smid/Zeuner, InsO, § 77 Rn. 6.

184 Siehe Fn. 28.

Verhandlung vorgeschriebenen Förmlichkeiten bewiesen werden kann. Förmlichkeiten im Sinne dieser Vorschrift sind die Feststellungen des Protokolls zum äußeren Hergang.[185] Eine unterlassene Beurkundung im Protokoll und im Entscheidungstatbestand beweist, dass der Vorgang sich nicht zugetragen hat, denn das Schweigen des Protokolls hat ebenfalls Beweiskraft.[186] § 165 ZPO stellt damit eine Beweisregel i. S. v. § 286 Abs. 2 ZPO dar.[187]

Die freie Beweiswürdigung gilt an dieser Stelle somit nicht. Der Beweis der objektiven Unrichtigkeit des Protokolls beschränkt sich auf den Nachweis der Fälschung, § 165 S. 2 ZPO. Das Protokoll einer Gläubigerversammlung erbringt somit den vollen Beweis der in ihm bezeugten Wahrheit i. S. v. §§ 415 Abs. 1, 418 Abs. 1 ZPO. Voraussetzung ist jedoch, dass das Protokoll auch den Anforderungen der §§ 159 ff. ZPO entspricht. Ansonsten lebt die freie Beweiswürdigung wieder auf.[188]

§ 165 ZPO ist eine Sondervorschrift zu den §§ 415 Abs. 1, 418 Abs. 1 ZPO. Im Gegensatz zu den §§ 415 Abs. 1, 418 Abs. 1 ZPO ist laut § 165 S. 1 ZPO gegen das geführte Protokoll nur der Nachweis der Fälschung zulässig. Es gilt somit die Beweiskraft des Protokolls.

d) Tatsächlicher Fortgang des Falls

Die Rechtsanwälte W. und F. legten sowohl durch den Schuldner als auch in eigener Sache als Gläubiger sofortige Beschwerde gegen die Stimmrechtsfestsetzung des Insolvenzgerichts ein. Die Rechtspflegerin half dieser Beschwerde nicht ab. Das zuständige Landgericht wies die Rechtsmittel ab.[189] Daraufhin wurde beim BGH Rechtsbeschwerde gemäß § 6 und § 7 InsO a.F.[190] eingelegt. Der BGH wies die Rechtsbeschwerde ebenfalls als unzulässig ab, da die Rechtssache weder grundsätzliche Bedeutung habe noch die Fortbildung des Rechts oder die Sicherung einer einheitlichen Rechtsprechung dies erfordere, § 574 Abs. 2 ZPO.[191]

---

185 Darunter fallen insbesondere die Angaben nach § 160 ZPO, siehe *Reichold*, in: Thomas/Putzo, ZPO, § 165 Rn. 1.

186 *Reichold*, in: Thomas/Putzo, ZPO, § 165 Rn. 5.

187 *Ders.* ebenda.

188 *Reichold*, in: Thomas/Putzo, ZPO, § 165 Rn. 3.

189 LG Hamburg, NZI 2007, 415.

190 Inzwischen aufgehoben durch das Gesetz zur Änderung des § 522 der Zivilprozessordnung vom 21.10.2011, BGBl. I S. 2080, damit wurde die Möglichkeit der zulassungsfreien Rechtsbeschwerde geschaffen. Eine Nichtzulassungsbeschwerde ist gesetzlich nicht vorgesehen.

191 BGH, Beschl. v. 23.10.2008 – IX ZB 235/06, DZWIR 2009, 165–166.

Im Urteil heißt es außerdem: *„Die Feststellung der Abstimmungsberechtigung gehört als Vorfrage der gerichtlichen Stimmrechtsfestsetzung zur gerichtlichen Stimmrechtentscheidung, über die das Insolvenzgericht abschließend zu entscheiden hat.“*[192]

Es wurde daraufhin erfolglos Verfassungsbeschwerde eingelegt. Die Richter des Bundesverfassungsgerichtes stellten in dem abweisenden Beschluss fest, welche Rechtsschutzmöglichkeiten[193] dem Betroffenen im Fall eines streitigen Stimmrechts überhaupt offenstünden. Sie machten dabei ebenfalls unmissverständlich deutlich, dass diese (eher bescheidenen) Mittel des Gläubigers auch mit dem Grundgesetz und dessen Schutzfunktionen vereinbar seien: *„Dass eine durch den Rechtspfleger getroffene Stimmrechtsentscheidung nur einer einmaligen Kontrolle unterzogen werden* (sic!)[194] *und diese richterliche Entscheidung nicht mehr angefochten werden kann, verletzt weder den aus Art. 2 Abs. 1 GG in Verbindung mit Art. 20 Abs. 3 GG abgeleiteten Anspruch auf Justizgewährung und effektiven Rechtsschutz noch Art. 14 Abs. 1 GG.“*[195] Weiter heißt es wenig aussagekräftig im Beschluss: *„Soweit die Beschwerdeführer im Übrigen hinsichtlich der Stimmrechtsentscheidungen des Insolvenzgerichts eine Verletzung ihrer Rechte aus Art. 103 Abs. 1, Art. 3 Abs. 1 und Art. 14 Abs. 1 rügen, ist eine Verletzung spezifischen Verfassungsrechts nicht ersichtlich.“*[196]

e) Zuerkannter Rechtschutz

Folgender Rechtsschutz gegen stimmrechtliche Entscheidungen des Insolvenzgerichts wird durch das Bundesverfassungsgericht zugestanden:

1. Hat ein Rechtspfleger[197] gemäß § 77 Abs. 2 S. 2 InsO über ein Stimmrecht entschieden, bleibt dem Gläubiger die Möglichkeit, einen Antrag zu stellen, die Entscheidung von einem Richter überprüfen zu lassen, § 18 Abs. 3 S. 2 RPflG.[198]

---

192 BGH, Beschl. v. 23.10.2008, Rn. 9.

193 Darüber hinaus besteht sowohl die Möglichkeit der Einreichung einer Dienstaufsichtsbeschwerde (vgl. § 26 DRiG) als auch der Geltendmachung eines Schadensersatzanspruches wegen Amtspflichtverletzung, § 839 BGB.

194 Fälschlicherweise gesetzter Plural.

195 BVerfG, Beschl. v. 26.11.2009, 1 BvR 339/09, DZWIR 2010, 34 ff.

196 BVerfG, Beschl. v. 26.11.2009, 1 BvR 339/09, DZWIR 2010, 34 ff.

197 *Smid*, in: Leonhardt/Smid/Zeuner, InsO, § 77 Rn. 5; *Uhlenbruck*, in: Uhlenbruck, InsO, § 77 Rn. 20.

198 Vgl. Drittes Gesetz zur Änderung des Rechtspflegergesetzes und anderer Gesetze vom 06.08.1998, BGBl. I, 1998, Nr. 50, S. 2030–2034.

2. Gibt der Richter diesem Antrag statt, so steht dem Gläubiger eine Anfechtbarkeit der daraufhin getroffenen richterlichen Entscheidung nicht mehr zu.[199]
3. Dies gilt auch für den Fall, dass der Richter sich gegen eine Prüfung entscheidet.

f) Auswirkungen des Beschlusses

Es handelt sich dabei um einen Nichtannahmebeschluss gemäß § 93b BVerfGG, der keine Sachentscheidung darstellt. Er hat weder materielle Rechtskraft noch Bindungswirkung nach § 31 BVerfGG und entfaltet somit auch keine Gesetzeskraft, da lediglich verbindlich festgestellt wird, dass die Verfassungsbeschwerde die Voraussetzungen des § 93a Abs. 2 BVerfGG nicht erfüllt.[200]

D. SKL-M-Entscheidung

I. Sachverhalt

Die SKL-M-GmbH war Teil der größeren Unternehmensgruppe L. Am 01.09.2000 wurde über Vermögen der SKL-M das Insolvenzverfahren eröffnet. Sowohl gegen die L-Gruppe als auch gegen die SKL-M wurde durch die Europäische Kommission ein Beihilfeverfahren eröffnet. Am 09.04.2002 entschied die Europäische Kommission, dass die SKL-M eine Beihilferückforderung zu leisten hatte.[201] Damit erhöhte sich die Summe der zu zahlenden Rückforderungen zuzüglich Zins und Zinseszins auf 34,26 Mio. €.[202] Die Bundesanstalt für vereinigungsbedingte Sonderaufgaben (im Folgenden: BvS), die 1999 zur Gesellschafterin der SKL-M wurde, gewährte dieser 1997 ein Darlehen. Dies diente sowohl zur Investition als auch zum Verlustausgleich. Darüber hinaus hatte die BvS im Zusammenhang mit einem Grundstückskauf Beträge gestundet und Verbindlichkeiten reduziert. In dieser kritischen Phase hatte man versucht, das Unternehmen durch einen Investor umzustrukturieren und damit zu sanieren. Auf Grund offener beihilferechtlicher Fragen war der Investor nicht

---

199 Vgl. § 6 Abs. 1 InsO, das Gesetz sieht in diesem Fall keine sofortige Beschwerde vor.

200 *Bethge*, in: Maunz/Schmidt-Bleibtreu/Klein/Bethge, Bundesverfassungsgerichtsgesetz, § 31 Rn. 49.

201 Entscheidung vom 09.04.2002 – 2002/989/EG, ABl. (EG) L 314 v. 18.11.2002, S. 75 ff.; vgl. auch die Anmerkung von *Cranshaw*, Einflüsse des europäischen Rechts auf das Insolvenzverfahren, in: Ehricke/Paulus (Hrsg.), Schriften zum Insolvenzrecht, Bd. 5, 2006, S. 1007 ff.

202 Zuvor hatte die SKL-M im Zusammenhang mit der L-Gruppe bereits eine Beihilferückforderung in Höhe von 4,3 Mio. € verkraften müssen.

verpflichtet, Geschäftsanteile der SKL-M zu übernehmen. Die Europäische Kommission nahm dies jedoch zum Anlass, das Konzept der Umstrukturierung als unschlüssig zu verwerfen. Die Zahlungen der BvS wurden als eigenkapitalersetzende Gesellschafterleistungen angesehen, so dass sich die Frage, wie mit der Beihilferückforderung zu verfahren sei, stellte. Die BvS meldete ihre Forderungen zur Tabelle an. Dabei gab sie die Forderungen als Nachrangforderungen an. Nachdem der Insolvenzverwalter diese vorläufig bestritten hatte, erhob die BvS Feststellungsklage, wobei sie Insolvenzforderungen gemäß § 38 InsO geltend machte. In Bezug auf die Zinsen, die nach Eröffnung des Verfahrens aufliefen, machte sie nachrangige Forderungen geltend. In erster Instanz war die Klage der BvS zum größten Teil erfolgreich. Der BGH[203] jedoch gab der Revision des Verwalters im Wesentlichen statt. Nur in Bezug auf die gestundeten Forderungen wurde die Klage nicht als unzulässig abgewiesen.

II. Rechtliche Würdigung

Der BGH hatte unter anderem die Fragen zu beantworten, ob der anspruchsberechtigte Gläubiger während des Feststellungsprozesses Anspruchsgrund und Forderung austauschen könne oder ob er ein neues Anmeldeverfahren durchlaufen müsse. Dies ist nicht möglich. Der Anspruchsgrund kann nicht in der insolvenzrechtlichen Prüfung ausgetauscht werden.[204] Eine Feststellungsklage kann ebenfalls wie im Falle einer fehlenden Anmeldung nicht erhoben werden.[205] Ließe man dies zu, würde der Gläubigerautonomie nicht Genüge getan, da keine Möglichkeit zur Forderungsprüfung bestünde.

E. Normverständnis

So deutlich und selbsterklärend scheint die Rechtslage, wie sie sich aus der Insolvenzordnung ergeben soll, dann aber doch nicht zu sein, wie ein Urteil des BGH beweist. Darin sah sich das Gericht bemüßigt, einen Hinweis zu geben, der auf die bestehende Rechtslage verwies und diese näher erläuterte.[206] Eine vorangehende Entscheidung des Landgerichts Hannover bot den entsprechenden Anlass dafür.[207]

---

203 BGH, Urt. v. 05.07.2007 – IX ZR 221/05.

204 BGH, Urt. v. 05.07.2007 – IX ZR 221/05.

205 BGH, Urt. v. 05.07.2007 – IX ZR 221/05.

206 BGH, Beschl. v. 13.01.2011 – IX ZB 29/10, ZIP 2011, 280–281.

207 LG Hannover, Urt. v. 01.12.2009 – 6 T 62/09; davor AG Hannover, Urt. v. 15.07.2009 – 904 IN 895/06

I. Ausgangsfall

Im Rahmen eines Insolvenzverfahrens war über einen Insolvenzplan abgestimmt worden. Ein nicht zum Erörterungs- und Abstimmungstermin geladener Gläubiger legte gegen diese Abstimmung sofortige Beschwerde ein, welche jedoch als unzulässig verworfen wurde. Das Landgericht Hannover als Beschwerdegericht hat in seinem Beschluss dazu ausgeführt, dass es dem fraglichen Gläubiger an dem notwendigen Rechtschutzbedürfnis gefehlt habe.[208] Der Insolvenzverwalter habe die Forderung dieses Gläubigers bestritten und sein Stimmrecht sei somit auf 0,00 festgesetzt worden.[209] Der Gläubiger sei folglich nicht abstimmungsbefugt gewesen.[210] Die fehlende Abstimmungsbefugnis hätte wiederum zu einer fehlenden Beschwer geführt, so dass der Gläubiger auch nicht beschwerdebefugt sei.[211] Der Gläubiger legte daraufhin beim BGH Rechtsbeschwerde ein. Der BGH hob den Beschluss der 6. Zivilkammer des Landgerichts Hannover auf und wies die Sache zur erneuten Entscheidung an das Beschwerdegericht zurück.

II. Rechtliche Würdigung

1. Materielle Beschwer

Der BGH hat seine frühere Rechtsprechung[212] bestätigt und dementsprechend ausgeführt, dass es genüge, wenn der Beschwerdeführer sich auf die Beeinträchtigung seiner Rechte durch den Insolvenzplan berufe.[213] Vorliegend hat der Gläubiger eine Forderung aus unerlaubter Handlung angemeldet, die Gegenstand eines Rechtsstreits zwischen ihm und dem Insolvenzverwalter ist. Durch den Insolvenzplan verlöre der Gläubiger diese Forderung größtenteils und wäre somit materiell beschwert.

2. Formelle Beschwer

Der Gläubiger war aber auch formell beschwert, da er nicht zum Erörterungs- und Abstimmungstermin durch das Gericht geladen worden war. Gemäß § 235 Abs. 3 S. 1 InsO sind jedoch alle Gläubiger, die Forderungen angemeldet haben, zum Erörterungs- und Abstimmungstermin besonders zu laden. Dies ist

---

208 LG Hannover, Urt. v. 01.12.2009 - 6 T 62/09.

209 LG Hannover, Urt. v. 01.12.2009 - 6 T 62/09.

210 LG Hannover, Urt. v. 01.12.2009 - 6 T 62/09.

211 LG Hannover, Urt. v. 01.12.2009 - 6 T 62/09.

212 Vgl. BGH, Beschl. v. 15.07.2012 - IX ZB 65/10, NZI 2010, 734; BGH, Beschl. v. 07.07.2005 - IX ZB 266/04, BGHZ 163, 344, 347.

213 BGH, Beschl. v. 13.01.2011 - IX ZB 29/10, ZIP 2011, 280–281.

Ausdruck der Pflicht, dem Gläubiger rechtliches Gehör nach Art. 103 Abs. 1 GG zu gewähren. Es soll gerade nicht über das Stimmrecht entschieden werden dürfen, ohne dass der betroffene Gläubiger angehört wird.

3. Rechtlicher Hinweis

Der BGH wies zwar nicht darauf hin, dass dem betroffenen Gläubiger durch die mangelnde Ladung zum Erörterungs- und Abstimmungstermin kein rechtliches Gehör erteilt worden sei, aber er machte auf den Verstoß gegen die Gläubigerautonomie aufmerksam (ohne dies freilich ausdrücklich zu benennen).

So stellte der BGH zu Recht klar, dass es vor der gerichtlichen Festsetzung des Stimmrechts bezüglich einer bestrittenen Forderung eines Einigungsversuches der Gläubiger bedürfe, §§ 237 Abs. 1, 77 Abs. 2 S. 1. InsO.[214]

---

214 BGH, Beschl. v. 13.01.2011 - IX ZB 29/10, ZIP 2011, 280–281.

Zweiter Teil: Grundlagen der Stimmrechte

1. Kapitel: Einfachrechtliche Grundlagen

A. Abgrenzung zwischen der aktiven und passiven Verfahrensteilnahme

I. Stimmrechte für die aktive Teilnahme am Verfahren

Eine bloße Teilnahme am Verfahren ohne den Erhalt von Stimmrechten wäre für die forderungsberechtigen und nicht nachrangigen Gläubiger zwar möglich, aber nur von relativ geringem Nutzen. Die Gläubiger wollen das Verfahren zumeist nach ihren Vorstellungen lenken (so jedenfalls das gesetzlich gewollte Bild), was ohne Stimmrechte von vornherein nicht denkbar wäre.

Abhängig ist diese Einflussmöglichkeit vom jeweiligen Bestehen der Forderungen. Folgerichtig können nachrangige Forderungen, die meist keinen wirtschaftlichen Wert verkörpern, gemäß § 77 Abs. 1 S. 2 InsO nicht die Grundlage für Stimmrechte bilden. Den Gläubigern solcher Forderungen wird ein reines Teilnahmerecht an der Gläubigerversammlung zugestanden (§ 74 Abs. 1 S. 2 InsO).

Neben dem Bedürfnis nach verfahrensrechtlicher Selbstbestimmung spielen noch weitere Aspekte eine Rolle.

So besteht auch indirekt für die Gläubiger die Möglichkeit, durch die gezielte Einsetzung des Stimmrechtes ihre materielle Lage zu beeinflussen. So können wirtschaftlich günstige Entscheidungen unter Umständen aktiv die Quote erhöhen.

Die Stimmrechte erlauben den Gläubigern überhaupt erst eine dezidierte Teilnahme am Insolvenzverfahren, da ihnen so die Möglichkeit eingeräumt wird, das Verfahren durch Abstimmung in ihrem Sinne zu beeinflussen.[215]

II. Informationsbedürfnis der Gläubiger

Lediglich das Informationsbedürfnis der Gläubiger würde durch eine stimmrechtslose Teilnahme befriedigt werden.[216] Dieser Punkt sollte dennoch nicht

215 Zu den Voraussetzungen der Beschlussfassungen der Gläubiger-versammlung siehe allein *Smid*, in: Leonhardt/Smid/Zeuner, InsO, § 76 Rn. 6.

216 Eventuell könnte den Gläubigern auch eine beratende Rolle zukommen, ihre „Beschlüsse" wären dann aber nicht für Insolvenzgericht und Verwalter bindend, so

vernachlässigt werden. So ist unter dem Aspekt der Durchsetzung des materiellen Rechts die Transparenz der Verfahrensabwicklung unumgänglich.[217] Es darf keine Informationsasymmetrie zu Lasten der Gläubiger herrschen.[218] Denn nur Transparenz im Verfahren gewährleistet, dass die Gläubiger in der Lage sind, eine schuldhafte Pflichtverletzung des Insolvenzverwalters zu erkennen und so im günstigsten Fall die Haftung des Insolvenzverwalters zu erreichen (§ 60 InsO).[219]

III. Materieller Anspruch

Der materielle Anspruch des Gläubigers auf die Ausschüttung der ihm zustehenden Quote wird jedoch durch die Versagung von Stimmrechten nicht beeinträchtigt. Gläubiger bestrittener Forderungen können ihre Forderungen im Wege einer Feststellungsklage geltend machen und müssen vom Insolvenzverwalter berücksichtigt werden, § 189 InsO.

B. Unterscheidung zwischen materieller und formeller Ebene

I. Verschiedene Aufgaben

Im Insolvenzrecht muss zwischen einer materiellen und formellen Ebene unterschieden werden. Das materielle Insolvenzrecht regelt die faktischen, meist finanziellen Auswirkungen des Verfahrens auf die Beteiligten. So kann der Insolvenzverwalter beispielsweise über das Schicksal eines gegenseitigen Vertrags, der zum Zeitpunkt der Verfahrenseröffnung nicht erfüllt war, entscheiden, § 103 InsO. Das formelle Recht hingegen regelt den Verfahrensablauf, vgl. § 1–10 InsO. Diese Normen gewährleisten Ordnung und Überwachung des Verfahrens.

II. Notwendigkeit beider Ebenen als philosophischer Ansatz

Beide Ebenen, die formelle und materielle, sind notwendig. So wäre ohne die Materie das Verfahren überflüssig, ohne Verfahren wäre hingegen die Richtigkeit der Entscheidungen über die Materie in Gefahr.[220] Eine

---

ehemals in dem gemeinrechtlichen Konkursprozess, siehe *Hellmann*, Lehrbuch des deutschen Konkursrechts.

217 Zur Stärkung der Informationsrechte: *Haarmeyer*, ZInsO 2010, S. 1984.

218 Vgl. zu den Informationspflichten des Insolvenzverwalters: *Sponagel*, DZWIR 2011, 270–276.

219 Es muss sich um insolvenztypische Pflichten handeln, vgl. *Hess*, InsO, § 60 Rn. 6.

220 Vgl. zum prozeduralen und materialen Aspekt zur gerechten Ergebnisfindung auch *Alexy*, S. 444 f.

Grundform dieser Unterscheidung findet sich schon in der antiken Philosophie, dem Ursprung aller Wissenschaften. Heute wird unter dem Begriff des Hylemorphismus[221] die zentrale Lehre des Aristoteles zusammengefasst, in welcher zwischen Materie und Form unterschieden wird, um die Entstehung der Substanz zu erklären.[222]

C. Zwecke des Insolvenzverfahrens

I. Durchsetzung der Gläubigerrechte

Das Insolvenzverfahren dient in erster Linie der Durchsetzung der bestehenden Gläubigerrechte gegen den jeweiligen Schuldner.[223]

II. Sanierung

Neben diesem Ziel steht die erwünschte Sanierung eines Unternehmensträgers, § 1 S. 1 2 Hs. InsO.

Die allgemeine Forderung nach dem Erhalt von Arbeitsplätzen[224] deckt sich aber nicht immer mit dem Sanierungswunsch. Zu bedenken gilt, dass die erstrebte Sanierung eines Unternehmens oft entscheidend davon abhängt, dass gerade auf Kosten von Arbeitnehmern die Unternehmensstruktur zu optimieren ist.[225]

III. Neuordnung von Unternehmensstrukturen

Um eine Unternehmenssanierung zu erreichen, kann auch die Reorganisation, also die Fortführung des Unternehmens durch den Schuldner, teilweise sehr sinnvoll sein.[226]

Wenn der Schuldner keine natürliche Person, sondern eine Personen- oder Kapitalgesellschaft ist und verschiedene Personen ein Unternehmen führen, kann eine Reorganisation auch genutzt werden, um Einzelpersonen aus der Führungsebene auszuschließen. Der Eigenantrag wird damit als taktisches Mittel

---

221 „*Hyle*" beschreibt den Stoff durch den die Materie oder das „*morphe*" eine Gestalt annimmt, *Rapp*, S. 175.

222 *Piwko*, S. 6 ff.

223 Vgl. Fn 35.

224 Vgl. etwa die Berichterstattung zur Insolvenz der Drogeriekette „Schlecker": http://www.zeit.de/wirtschaft/unternehmen/2012-06/schleckerzerschlagung/seite-1 (Abrufdatum: 08.12.2013).

225 Vgl. dazu allein: *Smid/Leonhardt*, in: Leonhardt/Smid/Zeuner, InsO, § 7 Rn. 30.

226 *Madaus*, S. 501 ff.

eingesetzt und das Insolvenzverfahren wird Mittel zum Zweck, eine Neuordnung der Machtverhältnisse in einem Unternehmen zu erreichen.

Bestes Beispiel dafür ist der Literaturverlag Suhrkamp.[227] Dort tobte seit Jahren zwischen der Verlegerin Ulla Unseld-Berkéwicz und ihrem Rivalen Hans Barlach ein erbitterter Streit um die Geschäftsführung des Verlages. Es konnte keine Einigung über den einzuschlagenden Kurs der Unternehmensführung erzielt werden. Es keimte zudem auch der Verdacht auf, dass Barlach dem Unternehmen möglichst viel Liquidität entziehen wollte.[228] An eine „friedliche" Lösung war nicht zu denken.

Unseld-Berkéwicz war nicht nur Geschäftsführerin des Verlags, sondern auch Vorsitzende einer Familienstiftung, der indirekt 61 Prozent der Verlagsanteile gehören. Über die anderen 39 Prozent verfügte Barlachs Medienholding.

Barlach musste mehrfach Prozesse anstrengen, weil Unseld-Berkéwicz ihn unzulässiger Weise in geschäftliche Entscheidungen nicht miteinbezogen hatte. Im Dezember 2012 entschied das Landgericht Berlin, dass der Beschluss der Gesellschafterversammlung vom 17.11.2011, Unseld-Berkéwicz als Geschäftsführerin abzusetzen, gefasst worden sei.[229]

Unseld-Berkéwicz blieb als Geschäftsführerin nur noch im Amt, weil sie Rechtsmittel gegen ihre Absetzung einlegte.

Außerdem wurde in weiteren Prozessen am Landgericht Frankfurt um die Gesellschafterstruktur gestritten. Barlach wollte die Familienstiftung ausschließen und beantragte hilfsweise sogar, den Verlag aufzulösen.

Auslöser des Insolvenzverfahrens war ein Urteil des Frankfurter Landgerichts im März 2013. Barlach hatte erreicht, dass ihm aus dem Gewinn des Verlages ein Anteil von 2,2 Millionen Euro ausgeschüttet wurde. Ein entsprechend höherer Anteil stand auch der Familienstiftung zu. Die Geschäftsführung schloss daraus, dass dem Verlag nun die Überschuldung drohe und beantragte daraufhin erfolgreich ein Insolvenzverfahren mit Eigenverwaltung verbunden mit einem sogenannten Rettungsschirm. Barlach versuchte nun über die gesellschaftlichen Treuepflichten und mit dem Mittel der einstweiligen Verfügung zu untersagen, dass die Gesellschafter einem Insolvenzplan zustimmen[230] Barlach scheiterte jedoch vor dem OLG Frankfurt.[231]

---

227 Siehe LG Frankfurt a.M., Urt. v. 10.09.2013 – Az. 3 – 09 O 96/13; OLG Frankfurt a.M, Urt. v. 01.10.2013, Az. 5 U 145/13.

228 http://www.zeit.de/2013/26/suhrkamp-verlag-hans-barlach-update/seite-2 (Abrufdatum: 14.12.2013).

229 LG Berlin, Urt. v. 10.12.2012 – 99 O 118/11.

230 LG Frankfurt a.M., Urt. v. 10.09.2013 – Az. 3 – 09 O 96/13.

231 OLG Frankfurt a.M, Urt. v. 01.10.2013, Az. 5 U 145/13.

Mit der darauf folgenden Annahme des Insolvenzplans durch die Gläubigerversammlung und der damit angestrebten Reorganisation des Unternehmens würde Barlach „entmachtet“ werden, wenn die Umwandlung des Unternehmens in eine Aktiengesellschaft gelänge. Abzuwarten bleibt die Entscheidung des Insolvenzgerichts.

IV. Öffentliche Belange

Darüber hinaus werden keine öffentlichen Ordnungszwecke oder gesellschaftsfördernde Ziele damit verfolgt.[232]

Auch *Gerhardt* unterscheidet zwischen den realen (Gläubigerbefriedigung) und den idealen Zielen (Rechtsfrieden) des Insolvenzverfahrens[233], die zwar wünschenswert, aber nur bedingt umsetzbar und erst recht nicht einforderbar sind. Folgerichtig ist auch das Insolvenzgericht nicht aufgerufen, als Sachwalter für *„bestimmte gesamtgesellschaftliche und soziale Interessen einzustehen“*.[234]

Im Mittelpunkt des Verfahrens stehen somit klar die finanziellen Belange der Gläubiger und der generelle Erhalt von Unternehmensstrukturen.[235]

D. Stimmrecht und Stimmabgabe

Zunächst muss zwischen dem verliehenen Stimmrecht als solchem und der eigentlichen Stimmabgabe des Gläubigers differenziert werden.

I. Verhältnis zwischen Stimmrecht und Stimmabgabe

Erst das Stimmrecht verleiht dem Gläubiger die Befugnis, seine Stimme in der Gläubigerversammlung abzugeben.[236] Im Gesetz ist dies (die Berechtigung zur Abstimmung durch ein verliehenes Stimmrecht) zwar nicht ausdrücklich

232 A. A.: *Werres*, der die Sicherung des sozialen Friedens seiner Aufzählung der Verfahrenszwecke voranstellt, S. 15, und *Carl*, der den Gedanken der Streitschlichtung der Gläubiger *„seit je her im Vordergrund“* sieht, S. 51.

233 Aspekte zur Wechselwirkung zwischen Konkursrecht und Wirtschaftsleben in: Festschrift für Weber, S. 182.

234 *Haarmeyer/Wutzke/Förster*, Handbuch zur Insolvenzordnung, Kap. 1 Rn. 40.

235 Vgl. in diesem Zusammenhang vor allen die Ausführungen von *Smid*, der in aller Deutlichkeit darauf hinweist, dass es in einem Insolvenzverfahren allein um das *„Geld der Gläubiger“* geht: Stärkung des Gläubigereinflusses und die Bestellung des Insolvenzverwalters im Spiegel der mit dem RegE ESUG vorgesehenen Neuregelungen, WPG 2011, S. 8 ff.

236 *Ehricke*, in: MünchKomm, InsO, § 76 Rn. 23.

erwähnt, es ist jedoch aus dem Kontext der §§ 76, 77 InsO zu schließen.[237] Einer Stimmabgabe ohne ein entsprechendes Stimmrecht fehlt es somit an der nötigen Legitimation; sie ist damit unwirksam.

II. Keine Pflicht zur Stimmabgabe

Ob der Stimmrechtsberechtigte von seinem Recht zur Stimmabgabe im Anschluss auch Gebrauch macht, ist seine Entscheidung. Zur Gläubigerautonomie muss auch das Recht gehören, diese nicht aktiv in Anspruch nehmen zu können. So formuliert der Gesetzgeber auch keine Pflicht zur Stimmabgabe. Um den Fortgang des Verfahrens aber zu sichern, würde der Weg über eine Zustimmungsfiktion nach § 160 Abs. 1 S. 3 InsO gewählt, sollte die Gläubigerversammlung mangels Teilnehmer nicht beschlussfähig sein.[238] Die Stimmabgabe ist daher nicht als Pflicht, sondern als Obliegenheit zu qualifizieren.[239]

III. Stimmabgabe als Willenserklärung

In Bezug auf die Rechtsnatur der Willenserklärung ist zwischen Willenserklärung[240] und Prozesshandlung abzugrenzen. Die Definition der Prozesshandlung ist umstritten. Laut BGH handelt es sich dabei um einen Akt, dessen Voraussetzungen und Wirkung im Prozessrecht geregelt sind.[241] Die Literatur dagegen macht das Vorliegen einer Prozesshandlung von seiner Wirkung auf prozessualem Gebiet abhängig.[242] Jedoch stellt die Stimmrechtsabgabe nach beiden Ansätzen keine Prozesshandlung dar.

So handelt es sich weder bei der Insolvenzordnung um Prozessrecht, noch ist das Insolvenzverfahren als Prozess zu qualifizieren.[243] § 4 InsO ist allerdings

---

237 Im § 95 Abs. 1 S. 1 KO fand sich noch folgende Formulierung: „Zur Teilnahme an den Abstimmungen berechtigen die festgestellten Konkursforderungen“, *Kilger/K. Schmidt*, InsO, § 95.

238 *Smid*, in: Leonhardt/Smid/Zeuner, InsO, § 160 Rn. 1.

239 Weitere Obliegenheiten treffen den Gläubiger durch die Regelungen der §§ 174 und 305 Abs. 1 InsO. Vgl. zur Mitwirkungs„pflicht“ *Brockdorff*, in: Huntemann/Brockdorff, InsO, Kap. 17 Rn. 57 f.

240 Definition der Willenserklärung siehe *Schack*, BGB AT, Rn. 178.

241 BGHZ 49, 384, (386).

242 *Musielak*, Grundkurs ZPO, Rn. 153.

243 Noch bis ins 19. Jahrhundert hinein wurde der Konkurs als besonderer Prozess betrachtet, *Hahn/Mugdan*, Gesamte Materialien zu den Reichsjustizgesetzen S. 40. Sowohl das eröffnete Verfahren als auch das Eröffnungsverfahren wurde vom BVerfG und dem IX. Zivilsenat des BGH als verwaltende Tätigkeit der Zivilgerichte und

das Einfallstor der ZPO, wenn die Insolvenzordnung nichts anderes bestimmt. Es lässt sich somit eine Verbindung zwischen der Insolvenzordnung und der Zivilprozessordnung ziehen, aber nicht in der Form, dass es sich bei der Insolvenzordnung lediglich um ein spezielleres Prozessrecht handele.[244]

Unter einer Willenserklärung versteht man allgemein die Äußerung eines auf die Herbeiführung eines Rechtserfolgs gerichteten Willens.[245] Die Stimmabgabe ist die Willenskundgabe im Rahmen der Gläubigerversammlung in Bezug auf die jeweilige Abstimmungsfrage. Mit der erfolgten Stimmabgabe wird somit die Zustimmung oder Ablehnung hinsichtlich der jeweiligen abstimmungsfähigen Fragen erteilt. Die Stimmabgabe darf darüber hinaus nicht unter einer Bedingung erfolgen. Der Rechtserfolg der Stimmabgabe liegt in der Fassung eines kollektiven Beschlusses[246] innerhalb der Gläubigerversammlung, § 76 Abs. 2 InsO[247]. Die Qualifizierung der Stimmabgabe als Willenserklärung deckt sich auch mit der Annahme, dass dafür ebenfalls ein „Teilnahmewille" erforderlich ist.[248] Wie jede Willensklärung bedarf auch die Stimmabgabe im Insolvenzverfahren eines Handlungs-, Erklärungs- und Geschäftswillens[249] des jeweiligen Gläubigers[250], der sich in diesem speziellen Fall als „Teilnahmewillen" bezeichnen lässt. Der Zugang als Wirksamkeitsvoraussetzung der Willenserklärung muss bei der Leitung der Gläubigerversammlung, also dem Insolvenzgericht gemäß § 76 Abs. 1 InsO, erfolgen. Eine Vertretung bei der

---

damit der freiwilligen Gerichtsbarkeit zugeordnet bzw. entspricht dieser strukturell: BVerfG, stattgebender Kammerbeschl. v. 03.08.2004 – 1 BvR 135/00 – ZIP 2004 1649–1653 und BGH, Beschl. v. 04.03.2004 – IX ZB 133/03 – ZIP 2004, 915.

244 ‚*Smid/Leonhardt*' in: Leonhardt/Smid/Zeuner, InsO, § 4 Rn. 2.

245 *Brox*, Allg. Teil des BGB, Rn. 82.

246 Der Beschluss wiederum drückt rechtsverbindlich den Willen der Gläubigerversammlung aus, *Kübler*, in: Kübler/Prütting/Bork, InsO, § 76 Rn. 3.

247 Die konkreten Formalien des Zustandekommens der Beschlussfassung unterliegen individuellen, dem Verfahren angepassten Formalien, die aber eindeutig festgelegt werden müssen, *Castrup*, in: Graf-Schlicker, InsO, § 76 Rn. 1, auch über die Mindestzahl der stimmberechtigten Gläubiger trifft die Insolvenzordnung keine Regelung, so dass schon die Anwesenheit eines solchen Gläubigers ausreicht, LG Köln, ZIP 1997, 2053.

248 *Uhlenbruck*, in: Uhlenbruck, InsO, § 76 Rn. 20; *Ehricke*, in: MünchKomm, InsO, § 76 Rn. 16.

249 *Brox*, Allg. Teil des BGB, § 4 Rn. 84 ff.

250 Angemerkt sei trotzdem, dass z.T. auch für Prozesshandlungen ein Handlungswille vorausgesetzt wird: *Musielak*, Grundkurs ZPO, Rn. 153.

Stimmabgabe durch einen Bevollmächtigten ist ebenfalls möglich.[251] Die Stimmabgabe ist folglich als Willenserklärung und nicht als Prozesshandlung zu qualifizieren.[252]

IV. Form der Stimmabgabe

Die Form der Stimmabgabe ist umstritten.[253] Neben der konkludenten Abgabe durch Zeichen in der Gläubigerversammlung ist auch eine schriftliche Abgabe der Stimme denkbar. Gerade in Großverfahren erscheint die Schriftform praktikabler.[254] Da der Gesetzgeber aber eine schriftliche Ausübung des Stimmrechts lediglich in der Vorschrift des § 242 InsO[255] vorsieht, ist aus einem Umkehrschluss die Erkenntnis zu ziehen, dass dies sonst nicht nötig ist.[256]

V. Inhalt der Stimmabgabe

Der Gläubiger ist hinsichtlich des Inhalts seiner Stimmabgabe frei.

Sehr umstritten ist die Frage, ob es Treuepflichten zu beachten gilt, die Gläubiger in seiner Entscheidungsfindung binden kann.[257]

Insbesondere im Fall der Insolvenz des Verlages Suhrkamp wurde diese Frage in verschiedenen gerichtlichen Entscheidungen unterschiedlich beantwortet.[258] Zu befürworten ist jedoch eine insolvenzfreundliche Auffassung.

Mit Eintritt ins Insolvenzverfahren wird der Gesellschaftszweck vom Insolvenzzweck überlagert.[259]

VI. Mängel der Stimmabgabe

Liegt mangels Stimmrechts eine unwirksame Stimmabgabe vor, so ist der gefasste Beschluss nur in dem Fall seinerseits unwirksam, wenn wegen des

---

251 *Kübler*, in: Kübler/Prütting/Bork, InsO § 76 Rn. 21.

252 Insofern müssten auch die §§ 104 ff. BGB Anwendung finden. Vgl. auch mit der Stimmabgabe im Rahmen eines Vereins, RGZ 18, 67, 69; BGHZ 14, 264, 267.

253 M. w. N. *Uhlenbruck*, in: Uhlenbruck, InsO, § 77 Rn. 2.

254 So auch *Hess/Obermüller*, Die Rechtsstellung der Verfahrensbeteiligten, Rn. 1151.

255 Zum Verfahren siehe: *Braun/Frank*, in: Braun, InsO, § 242 Rn. 2.

256 *Uhlenbruck*, in: Uhlenbruck, InsO, § 77 Rn. 2.

257 Zur Treuepflicht als möglichem Instrument gegen die Majorisierung der Großgläubiger siehe *Ehricke*, in: MünchKomm, InsO, § 74 Rn. 8.

258 LG Frankfurt a.M., Urt. v. 10.09.2013 – Az. 3 – 09 O 96/13; OLG Frankfurt a.M, Urt. v. 01.10.2013, Az. 5 U 145/13.

259 *Thole*, ZIP 2013, 1943.

Wegfalls der Stimme die erforderliche Mehrheit nicht mehr gegeben ist.[260] In Betracht kommt auch die Möglichkeit, dass die Stimmrechtsentscheidung in diesem Fall einfach als anders gefasst gelte. Um eine Rechtsunsicherheit zu vermeiden, müsste dann aber eine Feststellung durch das Insolvenzgericht erfolgen, mit welchem Ergebnis der Beschluss nun gefasst wurde.

VII. Stimmverbote

Die Insolvenzordnung regelt ausdrücklich auch keine Stimmverbote.[261] Aus dem allgemeinen Rechtsgedanken heraus, dass ein stimmberechtigter Gläubiger nicht an der Abstimmung mitwirken kann, wenn auf diese Weise ein In-sich-Geschäft vorläge, lassen sich aber Stimmverbote ableiten.[262]

VIII. Stimmrechte im Insolvenzplanverfahren

Im Rahmen des Insolvenzplanverfahrens erhalten auch nachrangige Insolvenzgläubiger ein Stimmrecht, § 246 InsO. Dies ist darauf zurückzuführen, dass im Planverfahren auch *deren* Rechtsstellung geregelt wird.

E. Rechtsnatur des Stimmrechts

Das Stimmrecht bildet die Legitimationsgrundlage für die Stimmabgabe.[263] Unter einfachrechtlichen Gesichtspunkten ist das Stimmrecht als verfahrenstechnisches (Selbst-)Verwaltungsrecht des Gläubigers einzuordnen.

F. Voraussetzungen für die Vergabe des Stimmrechts

I. Berechtigung

Zunächst muss geklärt werden, wer die Berechtigung aufweist, ein Stimmrecht im Insolvenzverfahren innezuhaben.

1. Stimmberechtigte Gläubigergruppen

Stimmrechte werden an Insolvenzgläubiger (§ 38 InsO) und an absonderungsberechtigte Gläubiger vergeben (§ 77 Abs. 1 S. 1 und Abs. 3 S. 2 InsO).

---

260 Vgl. zur ähnlichen Rechtslage im Vereinsrecht: RGZ 165, 68, 78.

261 *Uhlenbruck*, in: Uhlenbruck, InsO, § 77 Rn. 30.

262 *Trams*, NJW-Spezial 2010, 469, 470; *Uhlenbruck* in: Uhlenbruck, InsO, § 76 Rn. 30 m. w. N.

263 Vgl. Dritter Teil, 2. Kap., F.

2. Verknüpfung Forderungswert und Stimmrechte

Einschränkend sei jedoch sogleich bemerkt, dass der Gläubiger nicht per se innerhalb des Insolvenzverfahrens seines Schuldners stimmberechtigt ist. Das Stimmrecht ist zunächst eng mit dem wirtschaftlichen Wert der Forderung des jeweiligen Gläubigers verknüpft.[264]

Dieses Prinzip wird deutlich in der Regelung des § 77 Abs. 1 S. 2 InsO, der klarstellt, dass nachrangigen Gläubigern kein Stimmrecht zusteht.[265] Durch den Ausschluss der nachrangigen Gläubiger (§ 39 InsO) und der Massegläubiger (§§ 54 f. InsO) soll erreicht werden, dass ausschließlich den Gläubigern, die auch aus der Verteilung der Masse befriedigt werden, die Überwachung und die Verwaltung der Masse zustehen.[266] Eine solche materielle Verankerung des Stimmrechts ist auch im Bereich des Insolvenzplanverfahrens zu finden. Für den Erhalt eines Stimmrechtes ist es in diesem Fall nötig, dass der Gläubiger auch durch den Insolvenzplan betroffen ist, § 237 Abs. 2 InsO.[267]

3. Forderungsanmeldung

Weiter bewirkt das bloße Bestehen einer Forderung gegen den insolventen Schuldner als solche noch nicht *automatisch* die Stimmberechtigung des Gläubigers.

Vielmehr hängt die Gewährung jenes Stimmrechts von der Geltendmachung der jeweiligen Forderung durch den Gläubiger ab.[268] Der Gläubiger muss daher seine Forderung gemäß § 28 Abs. 1[269] und §§ 174 InsO ff.[270] ordnungsgemäß

---

264 Dies gilt für alle Forderungen absonderungsberechtigter Gläubiger und nicht nur für deren Ausfallforderungen, amtl. Begr. zu § 88 RegEInsO, BT-Drucks. 12/2443, 133.

265 *Smid*, in: Leonhardt/Smid/Zeuner, InsO, § 77 Rn.1.

266 *Ders.*, § 77 Rn. 2.

267 § 237 Abs. 2 InsO entspricht vom Sinn der materiellen Verankerung her der Regelung des § 72 Abs. 1 VglO: „*Vergleichsgläubiger, deren Kapitalforderung nach dem Vergleichsvorschlag nicht beeinträchtigt werden, haben kein Stimmrecht*“, vgl. auch: *Kilger/K. Schmidt*, § 72 Anm. 1; zur Gläubigerselbstverwaltung im Insolvenzplanverfahren siehe *Hänel*, Gläubigerautonomie und das Insolvenzplanverfahren, 2000, passim.

268 *Ders.*, ebenda.

269 Die Frist von zwei Wochen bis drei Monaten entspricht der Regelung des § 138 KO. Durch den engen Zeitrahmen sollte eine zügige Ermittlung der Schuldenmasse gewährleistet werden, *Hess*, in: Hess, InsO, § 138 Rn. 1.

270 Die Führung der Tabelle wurde mit Inkrafttreten der Insolvenzordnung auf den Insolvenzverwalter übertragen, vgl. § 139 KO.

beim zuständigen Insolvenzverwalter zur Tabelle anmelden. Liegt jedoch der Termin der Gläubigerversammlung vor dem Ende der Anmeldefrist, so ist eine tatsächliche Anmeldung in der Form möglich, dass der Gläubiger zu Beginn der Versammlung seine Forderung darlegt.[271]

4. Kein Bestreiten der Forderung

Im Anschluss an die Anmeldung darf die Forderung weder von den bereits stimmberechtigten Gläubigern noch vom Insolvenzverwalter bestritten werden.[272] Andernfalls wird (zunächst) kein Stimmrecht vergeben (§ 77 Abs. 1 S. 1 InsO).[273]

5. Einigung über das bestrittene Stimmrecht

Völlig aussichtlos ist die Lage für den Gläubiger im Falle einer bestrittenen Forderung aber noch nicht. So besteht noch die Möglichkeit, dass es zu einer Einigung zwischen dem bereits stimmberechtigten Gläubiger und dem Insolvenzverwalter über die Erteilung des in Frage stehendem Stimmrechts kommt, § 77 Abs. 2 S. 1 InsO.[274]

II. Grundsatz „in dubio pro creditore"

Zur Verwirklichung des Grundsatzes *„in dubio pro creditore"*[275] ist der Kreis der Anmeldungsberechtigten zunächst recht weit zu fassen. Neben der generellen Anmeldeberechtigung muss auch die Stimmrechtsvergabe recht großzügig geschehen.

---

271 *Ehricke*, in: MünchKomm, InsO, § 77 Rn. 6; auch für den fiskalischen Gläubiger gelten hier keine Erleichterungen hinsichtlich der Darlegungspflicht, siehe AG Frankfurt, Beschl. 06.05.2009 – 810 IE 5/08 M – 6, 810 IE 5/08.

272 Ein Widerspruch des Schuldners steht der Feststellung der Forderung nicht entgegen, § 178 Abs. 1 S. 2 InsO.

273 Ähnlich in der Konkursordnung geregelt: *„Zur Teilnahme an den Abstimmungen berechtigen die festgestellten Konkursforderungen"*, § 95 S. 1 KO und *„Eine Forderung gilt als festgestellt, soweit gegen sie im Prüfungstermin ein Widerspruch weder von dem Verwalter noch von einem Konkursgläubiger erhoben wird, (…)"*, § 144 Abs. 1 KO.

274 Dies verdeutlicht den Vorrang der Gläubigerautonomie vor der Entscheidung des Gerichts, *Herzig*, in: Braun, InsO, § 77 Rn. 6.

275 *Lat.* für: *im Zweifel für den Gläubiger*; vgl. außerdem *Eickmann*, in: Kreft, InsO, § 77 Rn. 8.

Dies hat einen ganz praktischen Nutzen: Die Abstimmungen der Gläubiger sollten von einer möglichst breiten Basis aus getroffen werden, um eine hohe Akzeptanz hinsichtlich getroffener Entscheidungen zu erreichen.[276] Dies ist ebenfalls eine Konsequenz der Gläubigerautonomie, die nur effektiv umgesetzt wird, wenn auch möglichst viele Gläubiger die Chance bekommen, sie auszuüben.

III. Die Forderungsanmeldung

Die ordnungsgemäße[277] Forderungsanmeldung des Gläubigers ist der nächste Schritt zur Erlangung eines entsprechenden Stimmrechts.[278]

1. Rechtsnatur

Nach § 176 S. 1 InsO führt die Forderungsanmeldung als solche nur dazu, dass eine summarische Prüfung der Forderung nach Höhe und Rang erfolgt. Die Rechtslage wird dadurch nicht unmittelbar verändert. Die Forderungsanmeldung ist daher lediglich als eine bloße Erklärung des Gläubigers ohne Rechtsfolge zu werten.[279]

2. Mindestinhalt

Der Mindestinhalt der Anmeldung ergibt sich aus § 174 Abs. 2 InsO und § 130 ZPO analog i. V. m § 4 InsO.[280] Danach muss der Gläubiger Auskunft über seine Person geben[281] und Angaben bzgl. seiner Forderung machen. Die inhaltlichen Anforderungen an die Forderungsanmeldung sind nur auf den ersten Blick klar formuliert. Bei genauerer Betrachtung stellt man fest, dass nicht abschließend geklärt ist, wo genau die Grenze zu ziehen ist, damit eine Anmeldung

---

276 M. w. N. *ders.* a.a.O.

277 Vgl. *Jaeschke*, der die Begründung und den Verlust sämtlicher Verfahrensrechte ausschließlich an die formelle Insolvenzgläubigerstellung gebunden sieht, in: Anmeldung und Feststellung von Forderungen im Insolvenzverfahren S. 237.

278 Vgl. zur Form der Forderungsanmeldung vor allem die Ausführungen von *Kiesbye*, S. 98 ff.

279 Dementsprechend muss auch die Formvorschrift des § 126 Abs. 1 BGB, der für Willenserklärungen gilt, nicht angewendet werden, vgl. *Kiesbye*, S. 98.

280 *Becker*, in: Nerlich/Römermann, InsO, § 174 Rn. 14.

281 Zu den Inhaltsanforderungen im Einzelnen: vgl. *Stadler*, in: Musielak, ZPO, § 130 Rn. 3 ff.; die Norm ist im Übrigen als Soll-Vorschrift zu verstehen, *Prütting*, in: Prütting/Gehrlein, ZPO, § 130 Rn. 1.

den Minimalanforderungen entspricht, um als wirksam anerkannt zu werden.[282] Trotzdem müssen an die Wirksamkeit der Forderungsanmeldung gewisse Bedingungen geknüpft sein.

a) Allgemein

Die Anmeldung hat gemäß § 174 Abs. 1 S. 1 schriftlich beim Insolvenzverwalter zu erfolgen.

Umstritten ist, ob die Forderung eigenhändig unterschrieben werden muss.[283] Solange jedoch eindeutig erkennbar ist, wer die Forderung erhebt, sollte dies als Identifikationsmittel ausreichen.[284] § 174 Abs. 2 Hs. 1 InsO bestimmt darüber hinaus, dass der Grund und der Betrag der Forderung bei der Anmeldung anzugeben sind. Diese Informationen sind notwendig, damit Insolvenzverwalter und Gläubiger die Forderung des Anmeldenden auch prüfen können.[285] Zum Teil fordert die Literatur, dass auch die in der Versammlung mündlich vorgetragenen Forderungen als „angemeldet" gelten sollen.[286] Der entscheidende Punkt ist jedoch nicht die Förmlichkeit der Anmeldung, sondern der Vorlauf, der dem Insolvenzverwalter zur Prüfung der Forderung gewährt wird. Der Insolvenzverwalter soll die Gläubiger und das Insolvenzgericht dabei mit seinem Wissensvorsprung unterstützen. Die Überrumpelungstaktik einer erst im Termin vorgebrachten Forderungsanmeldung birgt ein zu großes Missbrauchsrisiko in sich.

b) Besondere Anforderungen bei der Anmeldung einer Forderung aus unerlaubter Handlung

In diesem Fall hat der Gläubiger den Lebenssachverhalt dazulegen, aus dem sich ergibt, dass er gegen den Schuldner eine Forderung aus einer unerlaubten Handlung innehat.[287] Der Verweis auf die einschlägige Norm reicht allein nicht aus.[288]

---

282 Diese Frage ist insbesondere von großer Relevanz in Bezug auf eine Verjährungshemmung, die durch eine Forderungsanmeldung eintreten kann, vgl. hierzu die ausführliche Darstellung bei *Kiesbye*, S. 122 et passim.

283 *Sinz*, in: Uhlenbruck, InsO, § 174 Rn. 11; *Preß-Hennigsenmeier*, in: HamKomm, InsO, § 174 Rn. 9; a. A. *Greger*, in: Zöller, ZPO. § 130 Rn. 21 ff.

284 Vgl. *Kiesbye*, S. 98 m. w. N.

285 *Graf-Schlicker*, in: Graf-Schlicker, InsO, § 174 Rn. 15.

286 *Kübler*, in: Kübler/Prütting/Bork, InsO, § 77 Rn. 29; *Uhlenbruck*, in: Uhlenbruck, InsO, § 77 Rn. 13.

287 LG Bochum, Beschl. v. 06.08.2004 – 10 T 50/04; *Kehe/Meyer/Schmerbach*, ZInsO 2002, 615, 617.

288 BGH, Urt. v. 22.01.2009 – IX ZR 3/08, ZIP 2009, 483 ff.

3. Befugnis zur Forderungsanmeldung

Zunächst muss der Gläubiger zur Anmeldung berechtigt sein.

a) Insolvenzgläubiger (§ 38 InsO)

Berechtigt zur Forderungsanmeldung gemäß § 174 Abs. 1 InsO sind alle Insolvenzgläubiger i. S. v. § 38 InsO.

b) Absonderungsberechtigte Insolvenzgläubiger

Dies gilt auch, wenn Gläubigern zur Sicherung ihrer Forderung ein Absonderungsrecht eingeräumt worden ist.[289] Zwar sind diese Gläubiger nur zur anteilsmäßigen Befriedigung aus der Masse berechtigt, wenn sie auf ihre abgesonderte Befriedigung verzichten oder diese bei ihnen ausgefallen ist, § 52 S. 2 InsO. Dies hat aber keinen Einfluss auf ihre Berechtigung zur Forderungsanmeldung.[290]

c) Aufrechnungsbefugte Insolvenzgläubiger

Gleiches gilt auch für Insolvenzgläubiger, die zur Aufrechnung befugt sind.[291] Die Gläubiger können ihre Forderung anmelden. Sie haben jedoch auch die Möglichkeit, ihre Forderung im Wege der Aufrechnungserklärung geltend zu machen.[292]

d) Nachrangige Insolvenzgläubiger (§ 39 InsO)

§ 39 InsO stellt eine Einschränkung der Gläubigergleichbehandlung dar, indem einige Forderungsarten erst nach Tilgung der übrigen Insolvenzforderungen befriedigt werden.[293] Zu den nachrangigen Forderungen zählen u. a. die im Verfahren aufgelaufenen Zinsen (§ 39 Abs. 1 Nr. 1 InsO), Kostenforderungen der Gläubiger (§ 39 Abs. 1 Nr. 2 InsO), Geldstrafen (§ 39 Abs. 1 Nr. 3 InsO), Forderungen aus unentgeltlicher Leistung des Schuldners (§ 39 Abs. 1 Nr. 4 InsO), Forderungen aus Gesellschafterdarlehen (§ 39 Abs. 1 Nr. 5 InsO) und Forderungen mit vertraglich vereinbartem Rangrücktritt (§ 39 Abs. 2 InsO). Sofern das Insolvenzgericht einen nachrangigen Gläubiger i. S. v. § 39 InsO dazu auffordert, ist dieser ebenfalls berechtigt, seine Forderung gemäß § 174 Abs. 3 S. 1 InsO anzumelden.[294] Eine nachrangige Forderung kann jedoch auch ohne Hinweis

---

289 *Smid*, Kreditsicherheiten in der Insolvenz, § 2 Rn. 2. 108 ff.

290 *Ders.*, ebenda.

291 *Nowak*, in: MünchKomm, InsO, § 174 Rn. 3.

292 *Graf-Schlicker*, in: Graf-Schlicker, InsO, InsO, § 174 Rn. 3.

293 *Kalkmann*, in: Graf-Schlicker, InsO, § 39 Rn. 1.

294 *Smid*, in: Leonhardt/Smid/Zeuner, InsO, § 174 Rn. 28.

darauf, dass sie eine solche darstellt, quasi vorsorglich angemeldet werden.[295] Dies kann beispielsweise nützlich sein, um die Verjährung gemäß § 204 Abs. 1 Nr. 10 BGB zu hemmen.[296]

e) Nicht fällige Forderungen

§ 41 Abs. 1 InsO fingiert die Fälligkeit einer Forderung. Ist die Forderung vor Verfahrenseröffnung entstanden und ihre Fälligstellung gewiss, so kann der Gläubiger die Forderung anmelden, so dass er auch ein Stimmrecht gewährt bekommt.[297] Die Eröffnung des Insolvenzverfahrens über das Vermögen des Schuldners kann unter Umständen für die einzelnen Gläubiger recht überraschend kommen, weil er von ganz anderen Voraussetzungen ausging. Eine Forderung die daher beispielsweise noch einige Zeit dem Schuldner gestundet wurde, ändert jedoch nichts an der Tatsache, dass der Gläubiger im Insolvenzverfahren ein Mitspracherecht besitzen möchte. Der § 41 InsO verwirklicht damit den Grundsatz des *par conditio creditorum.*[298, 299]

f) Auslösend bedingte Forderungen

Gemäß § 42 InsO werden auflösend[300] bedingte Forderungen so wie unbedingte behandelt. Dies dient der effizienten Abwicklung des Verfahrens. Bis zum Eintritt der auflösenden Bindung existiert die Forderung.[301] Es ist nicht einmal sicher, dass die auflösende Bedingung überhaupt je eintritt. Tritt die Bedingung jedoch vor Feststellung der Forderung ein, muss die diese vom Insolvenzverwalter oder dem Insolvenzgläubiger bestritten werden.[302]

---

295 BT-Drucks. 12/2443, S. 184.

296 *Kiesbye*, S. 81.

297 Gemäß § 238 Abs. 1 S. 3 InsO gilt der § 41 InsO für das Stimmrecht bei streitigen, aufschiebend bedingten oder nicht fälligen Rechten.

298 Wörtl. Übersetzung: „die gleiche Lage der Gläubiger".

299 *Knof*, in: Uhlenbruck, InsO, § 41 Rn. 1.

300 Aufschiebend bedingte Forderungen sind in den § 77 Abs. 3, § 191 InsO geregelt. Für den Inhaber einer solchen Forderung kann ein Stimmrechtsfestsetzungsverfahren nach § 77 Abs. 2 InsO durchlaufen werden, vgl. Amtl. Begr. zu § 88 RegEInsO, BT-Drucks. 12/2443, 134.

301 Gemeint sind auflösende Bedingungen i. S. v. i. § 158 Abs. 2 BGB, bedingungsähnliche Erscheinungen, wie Motive, Zweckabreden u. Ä. fallen nicht hierunter, *Knof*, in: Uhlenbruck, InsO, § 42 Rn. 3.

302 *Castrup* spricht in diesem Zusammenhang auch vom Schuldner, in: Graf-Schlicker, InsO § 42 Rn. 4; dies steht jedoch im Widerspruch zum Wortlaut des § 179 InsO, der lediglich den Insolvenzverwalter und den Insolvenzgläubiger nennt.

g) Gesamtschuldner

Der Gläubiger, dem mehrere Gesamtschuldner für eine Forderung haften, kann gemäß § 43 InsO weiterhin gegen jeden Schuldner seine Forderung in voller Höhe geltend machen.

Wäre dies nicht so und der Gläubiger müsste sich im Falle der Insolvenz mehrerer Schuldner die Ausschüttung des ersten Verfahrens auf das zweite Verfahren anrechnen lassen, würde so der Sinn der gesamtschuldnerischen Haftung vereitelt.[303]

4. Formerfordernisse

a) Schriftliche Anmeldung

Gemäß § 174 Abs. 1 S. 2 InsO muss der Gläubiger seine Forderung schriftlich beim Insolvenzverwalter anmelden, so dass eine Anmeldung zu Protokoll der Geschäftsstelle beim Insolvenzgericht ausgeschlossen ist.[304] Dabei kommt jede Art der schriftlichen Anmeldung (Fotokopie, Telefax usw.) in Betracht.[305]

b) Sprache

Als Verfahren der gerichtlichen Fürsorge kommt § 184 GVG zur Anwendung.[306] Die Anmeldung ist daher in deutscher bzw., soweit es sich um einen sogenannten Heimatkreis handelt, in sorbischer[307] Sprache abzufassen. Der Verwalter müsste in diesem Fall den Gläubiger zur Nachreichung einer Anmeldung in deutscher Sprache auffordern.[308] Die Anmeldung ist zwar grundsätzlich in deutscher Sprache abzufassen, jedoch muss auch an dieser Stelle der Grundsatz der Gleichbehandlung der Gläubiger gewahrt werden. Dies wäre nicht gewährleistet, wenn fremdsprachige Anmeldungen generell als unwirksam zurückgewiesen würden.[309] Als Forderungsanmeldung muss das Schreiben allerdings erkennbar sein.[310]

---

303 Vgl. allein *Smid/Leonhardt*, in: Leonhardt/Smid/Zeuner, InsO, § 43 Rn. 1.

304 *Smid*, in: Leonhardt/Smid/Zeuner, InsO, § 174 Rn. 9.

305 *Nowak*, in: MünchKomm, InsO, § 174 Rn. 13, *Specovius*, in: Braun, InsO, § 174 Rn. 16.

306 *Smid*, in: Leonhardt/Smid/Zeuner, InsO, § 174 Rn. 10.

307 Westslawisches Volk, das in Deutschland als Minderheit anerkannt ist. Es ist in den Ober- und Niederlausitz (Sachen und Brandenburg ansässig).

308 *Eckardt*, in: Kölner Schrift, S. 743, 750 Rn. 13; vgl. in diesem Zusammenhang auch Art. 42 Abs. 2 S. 3 EuInsVO.

309 *Smid*, in: Leonard/Smid/Zeuner, InsO, § 174 Rn. 10; *Kiesbye*, S. 101; a. A. *Hess*, § 174 Rn. 32; *Bähr*, InVo 1998, 207.

310 *Kiesbye*, S. 101 m. w. N.

Bei grenzüberschreitenden Verfahren innerhalb des Geltungsbereiches der EUInsVO gilt Art. 42 Abs. 2 EUInsVO. Danach kann jeder Gläubiger, der seinen gewöhnlichen Aufenthalt, Wohnsitz oder Sitz in einem anderen Mitgliedstaat als dem Staat, in welchem das Insolvenzverfahren eröffnet worden ist, hat, seine Anmeldung auch in der Amtssprache oder einer der Amtssprachen dieses Staates verfassen.

Gemäß Art. 42 Abs. 2 S. 2 EUInsVO muss dann aber mindestens die Überschrift „Anmeldung der Forderung" lauten; wiederum in der Amtssprache oder einer der Amtssprachen des jeweiligen Staates.

c) Ausdrücklichkeit

Die Anmeldung muss ausdrücklich erfolgen. Die Antragsstellung zur Verfahrenseröffnung reicht hierzu nicht aus.[311]

d) Beifügen von Urkunden

§ 174 Abs. 1 S. 2 InsO ordnet an, dass die Urkunden, aus welchen sich die Forderungen ergeben, in Abdruck dem Insolvenzverwalter vorzulegen sind. Dazu ist erforderlich, dass der Forderungsanmeldung die zugehörigen Belege urschriftlich oder in Abschrift beigefügt werden.[312]

aa) Vorlage des Originaltitels

Zum Teil wird jedoch von Insolvenzgerichten, für den Fall, dass die Forderung bereits tituliert sein sollte, der Titel im Original verlangt. Der BGH hat in seinem Urteil vom 01.12.2005 klargestellt, dass weder im Prüfungstermin noch im Feststellungsrechtsstreit die Vorlage des Originaltitels notwendig ist.[313]

Fest steht zwar, dass dem Insolvenzverwalter und den übrigen Insolvenzgläubigern die Möglichkeit eingeräumt werden muss, die angemeldete Forderung prüfen zu können, da sie nur so von ihrem Recht zum Widerspruch gegen angemeldete Forderungen i. S. v. § 178 Abs. 1 InsO Gebrauch machen können.[314] Zu diesem Zweck reichen aber Ablichtungen der entsprechenden Originaldokumente aus. Darüber hinaus spricht der ausdrückliche Wortlaut der Insolvenzordnung, der den *Abdruck* fordert, dagegen.[315]

---

311 *Smid*, in: Leonhardt/Smid/Zeuner, InsO, § 174 Rn. 12.

312 *Smid*, Deutsches und Europäisches Internationales Insolvenzrecht, 2004, Art. 42 EuInsVO Rn. 3.

313 BGH, Urt. v. 01.12.2005, IX ZR 95/04, DZWIR 2006, 125

314 BGH, Urt. v. 01.12.2005, IX ZR 95/04, DZWIR 2006, 125.

315 BGH, Urt. v. 01.12.2005, IX ZR 95/04, DZWIR 2006, 125.

bb) Vorlage des Originaltitels bei streitigen Forderungen

Ob es in der Praxis allerdings immer vorteilhaft ist, Titel nicht im Original vorzulegen, ist zweifelhaft. In dem genannten Urteil lag der Fall so, dass die beklagte Insolvenzverwalterin eine Forderung bestritt, da der Vollstreckungstitel und andere Urkunden nicht im Original vorlagen.[316] Wird aber die Forderung als solche bestritten, für welche ein Schuldtitel oder ein Endurteil vorliegt, besagt § 179 Abs. 2 InsO, dass es dem Bestreitenden obliegt, den Widerspruch zu verfolgen. Geschieht dies nicht, erhält der Gläubiger, deren Forderung bestritten wurde, seine Quote. Dies steht zwar nicht ausdrücklich im Gesetz, lässt sich aber aus einem Umkehrschluss aus § 189 InsO herleiten. Hiernach erhält der Gläubiger, dessen Forderung bestritten wurde, seine Quote, wenn er im Feststellungsprozess obsiegt. Da der Prozess aber einige Zeit dauern kann, muss der Gläubiger innerhalb von zwei Wochen nach der öffentlichen Bekanntmachung des Verteilungsverzeichnisses (§ 188 InsO) nachweisen, dass und für welchen Betrag die Feststellungsklage erhoben wurde oder dass das Verfahren in dem früher anhängigen Rechtsstreit aufgenommen wurde, § 189 Abs. 1 InsO. Folglich muss der Bestreitende nach § 179 Abs. 2 InsO auch innerhalb dieser Frist dem Insolvenzgericht darlegen, dass er gegen den Titel vorgeht.[317] Dies kann aber nur gelten, wenn wirklich ein Titel vorliegt. Ansonsten könnte ein einfaches Vorbringen die Klaglast verschieben. In diesem Fall ist es durchaus denkbar, dass das Insolvenzgericht die Vorlage des Originaltitels verlangt.

cc) Wechsel und sonstige Schuldurkunden

Um die Indossamentfunktion zu gewährleisten, schreibt § 178 Abs. 2 S. 3 InsO vor, dass die Feststellung der Forderung auf Wechseln und sonstigen Schuldurkunden vom Urkundsbeamten der Geschäftsstelle des Insolvenzgerichts zu vermerken ist.[318]

e) Adressat der Anmeldung

Die Anmeldung hat beim Insolvenzverwalter bzw. beim Sachwalter im Falle der Eigenverwaltung nach § 270 Abs. 3 S. 2 InsO und im vereinfachten Verfahren

316 BGH, Urt. v. 01.12.2005, IX ZR 95/04, DZWIR 2006, 125.

317 Vgl. dazu *Smid*, in: Leonard/Smid/Zeuner, InsO, § 189 Rn. 8.

318 Bei einer titulierten Forderung tritt an die Stelle des Titels die Eintragung in die Tabelle (Titulierungsfunktion der Tabelle, § 178 Abs. 3 InsO); der Gläubiger soll neben dem beglaubigten Tabellenauszug, der ihm nach Verfahrensbeendigung ausgehändigt wird, keine weitere Urkunde besitzen, mit welcher er gegen den Schuldner vorgehen kann, *Smid*, in: Leonhardt/Smid/Zeuner, InsO § 178 Rn. 15 und § 201 Rn. 5.

beim Treuhänder gemäß § 313 Abs. 1 S. 1 InsO zu erfolgen.[319] Dies stellt eine wesentliche Neuerung gegenüber der Konkursordnung dar, unter deren Geltung die Insolvenzforderung beim Gericht anzumelden war.[320]

f) Frist

Gemäß § 28 InsO hat das Gericht im Eröffnungsbeschluss eine Anmeldefrist festzulegen. Dabei hat das Gericht einen Ermessenspielraum zwischen zwei Wochen und drei Monaten, um den jeweiligen Besonderheiten des Verfahrens gerecht zu werden, § 28 Abs. 1 S. 2 InsO. Die Anmeldefrist ist jedoch keine Ausschlussfrist, so dass auch nach Fristablauf eine Anmeldung noch möglich ist. Dies folgt aus § 177 Abs. 1 S. 1 InsO.[321] Danach sind im Prüfungstermin auch Forderungen zu prüfen, die nach Ablauf der Anmeldungsfrist angemeldet wurden.

5. Wirksamkeit der Anmeldung

a) Fristversäumnis

Das Versäumen der im Eröffnungsbeschluss gesetzten Frist zur Forderungsanmeldung gemäß § 28 Abs. 1 S. 1 InsO führt zu keiner Präklusion. So bestimmt § 177 Abs. 1 S. 2 InsO, dass Nachprüfungstermine möglich sind.

b) Zugang

Adressat der Forderungsanmeldung ist der Insolvenzverwalter, § 174 Abs. 1 S. 1 InsO. Gerade im Zusammenhang mit Forderungsanmeldungen im Prüfungstermin[322] können Zweifel auftreten, ob eine Zugangsmöglichkeit bezüglich der Forderungsanmeldung im Gerichtssaal gegeben ist.

Der Zugang einer Willenserklärung ist erfolgt, wenn die Willenserklärung in den Herrschaftsbereich des Adressaten gelangt ist, so dass nach der Verkehrsauffassung unter gewöhnlichen Umständen mit Kenntnisnahme zu rechnen war.[323] Die Forderungsanmeldung ist zwar keine Willenserklärung[324], aber diese Vorschrift könnte analog auf eine geschäftsähnliche Handlung anwendbar sein.

---

319 Aus Kostengründen wird im vereinfachten Verfahren ein Treuhänder mit eingeschränkten Befugnissen eingesetzt, *Martin*, in: Leonhardt/Smid/Zeuner, InsO, § 313 Rn. 1.

320 § 139 S. 2 KO: „Sie [die Forderung] kann bei dem Gericht schriftlich eingereicht oder zum Protokoll der Geschäftsstelle angebracht werden."

321 *Henningsmeier*, in: HamKomm, InsO, § 177 Rn. 3; *Specovius*, in: Braun, InsO, § 177 Rn. 1.

322 *Kiesbye*, S. 96.

323 BGHZ 67, 271, 275; BGH NJW 1980, 990.

324 Vgl. Zweiter Teil, 2. Kap., F IV 1.

Der Gerichtssaal bzw. der Ort, an dem die Gläubigerversammlung stattfindet, ist eindeutig nicht dem Herrschaftsbereich des Insolvenzverwalters zuzuordnen. Es liegt also nicht ganz fern, dass der Rechtspfleger, in dessen Herrschaftsbereich diese Forderungsanmeldung erfolgen soll, diese unterbinden möchte (um etwa eine nicht vorhergesehene Forderungsprüfung zu umgehen). Die rechtliche Frage einer „Zugangsverhinderung" kann aber offenbleiben, wenn man bedenkt, dass der Insolvenzverwalter die Anmeldung in einer Pause außerhalb des Raums annehmen könnte.

c) Unzureichende Anmeldungen

Fehlen die notwendigen Belege, hat dies nicht die Unwirksamkeit der Anmeldung zur Folge.[325]

d) Unzulässige Anmeldungen

Unzulässig ist die Anmeldung, wenn der Gläubiger Forderungen anmeldet, die nicht anmeldefähig sind.[326] Dazu gehören Masseforderungen nach § 55 InsO, Sozialplanforderungen[327] nach § 123 InsO[328] und nachrangige Forderungen von Gläubigern, die das Gericht nicht zur Anmeldung aufgefordert hat.[329]

e) Zulässigkeit nachträglicher Änderungen

Ändert der Gläubiger nach Forderungsanmeldung die ursprüngliche Forderung, um Mängel zu beheben, oder tauscht er den Schuldgrund aus[330], gilt dies als Neuanmeldung.

6. Glaubhaftmachung der Forderung

Gemäß § 14 Abs. 1 S. 1 InsO muss der Gläubiger seine Forderung und den Insolvenzgrund glaubhaft machen. Die Glaubhaftmachung richtet sich nach der Regelung des § 294 ZPO, da insoweit der Verweis des § 4 InsO auf die

---

325 RG, Urt. v. 19.05.1914, Rep III 84/14, RGZ 85, 64, 68; OLG Hamburg, Beschl. v. 24.07.1974, 9 W 26/74, KTS 1975, 43 f.

326 *Smid*, in: Leonhardt/Smid/Zeuner, InsO, § 174 Rn. 27.

327 Einigung über den Ausgleich oder die Milderung der wirtschaftlichen Nachteile, die den Arbeitsnehmern infolge der geplanten Betriebsänderung entstehen, § 112 Abs. 1 S. 2 BtrVG.

328 Laut gesetzgeberischer Entscheidung kann es auch im Insolvenzverfahren zu sozialplanpflichtigen Betriebsänderungen kommen, *Aghamiri*, in: Leonhardt/Smid/Zeuner, InsO, § 123 Rn. 1.

329 *Eckardt*, in: Kölner Schrift, 751, 755.

330 Vgl. Erster Teil 2. Kap., D.

Zivilprozessordnung gilt. Die Glaubhaftmachung enthält gegenüber dem Vollbeweis Erleichterungen, so muss sich nicht der förmlichen Beweismittel bedient werden und es ist ausreichend, wenn das Gericht die glaubhaft zu machende Tatsache für überwiegend wahrscheinlich hält.[331]

7. Berechnungsgrundlage

Laut *Uhlenbruck* kommt dem Insolvenzverwalter eine Vorprüfungskompetenz in Bezug auf die Mangelhaftigkeit oder Unzulässigkeit der Forderungsanmeldung zu.[332] Evident unrichtige Forderungsanmeldungen werden somit nicht in die Tabelle eingetragen. Diese Vorauswahl erleichtert den Ablauf des Prüfungstermins. Dieser ist nicht als „Hauptverhandlungstermin des Konkurses“[333] zu verstehen.

Gefordert wird aber auf jeden Fall eine vorherige Beanstandung der unzulässigen Forderungsanmeldung, bevor der Insolvenzverwalter die Forderung zurückweisen kann.[334] Um weitere Verfahren zu vermeiden (§ 180 InsO), sollte der Insolvenzverwalter den betroffenen Gläubiger also anschreiben.[335]

IV. Das Abstimmungsverfahren

1. Allgemeines

In den meisten Verfahren wird eine größere Zahl von Gläubigern beteiligt sein. Diesem Umstand muss im Rahmen der Meinungsbildung der Gläubigerversammlung Rechnung getragen werden. Eine einstimmig gefundene Lösung ist kaum zu erwarten.

Findet die vom einzelnen Gläubiger gefasste Ansicht keine Zustimmung, so muss er sich dem Willen der Mehrheit[336] beugen. Im Insolvenzverfahren herrscht somit eine „*Creditoreskratie*“[337] mit einem entsprechenden Mehrheitsprinzip.

---

331 AG München, Beschl. v. 05.02.2009 – 1506 IN 3554/08.

332 *Uhlenbruck*, in: Uhlenbruck, InsO, § 175 Rn. 3.

333 *Smid*, in: Leonhardt/Smid/Zeuner, InsO, § 176 Rn. 9.

334 *Uhlenbruck*, in: Uhlenbruck, InsO, § 175 Rn. 5.

335 Was in größeren Verfahren ein erheblicher Kostenfaktor sein dürfte.

336 Das Mehrheitsprinzip als *„technischer Rechtsbehelf zur Erleichterung der Entscheidungsfindung einer unkoordinierten Vielzahl Beteiligter“*, BT- Drucks. 12/ 2443, S. 79.

337 Wörtl.: Herrschaft der Gläubiger.

2. Unterscheidung Kopf- und Summenmehrheit

Es wird zwischen Abstimmungen mittels Kopfmehrheit und Summenmehrheit unterschieden. Darin kommt der Grundsatz zur Gleichbehandlung der Gläubiger zum Ausdruck.[338] Meist gibt die Summenmehrheit der Gläubiger den Ausschlag. Dies bestimmt die Vorschrift des § 76 Abs. 2 InsO. Danach wird ein Beschluss der Gläubigerversammlung durch eine Summenmehrheit gefasst.[339] Eine höhere Forderung gegen den Schuldner erhöht somit auch den Verfahrenseinfluss des jeweiligen Gläubigers. Dieses Prinzip „Höhere Forderungssumme bedeutet mehr Verfahrenseinfluss" wurde aber durch den Gesetzgeber an entscheidenden Stellen aufgeweicht.

So wird beispielsweise der Insolvenzverwalter gemäß § 57 InsO gewählt, wenn sowohl eine Kopf- als auch eine Summenmehrheit zustande kommen. Schon *Jaeger* erkannte die entscheidende Rolle des Insolvenzverwalters als Schicksalsfrage des Verfahrens[340], so dass die strikte Einhaltung der *Gläubigergleichbehandlung* an diesem Punkt richtig ist. Bei der essentiellen Frage der Annahme eines Insolvenzplans gemäß § 244 InsO bedarf es auch einer Kopf- und Summenmehrheit innerhalb der Gruppen.[341]

2. Kapitel: Verfassungsrechtliche Ebene der Stimmrechte

A. Grundrechtsbindung des Insolvenzgerichtes

Gemäß Art. 1 Abs. 3 GG sind Gesetzgebung, vollziehende Gewalt und Rechtsprechung unmittelbar an die Grundrechte gebunden. Das Insolvenzgericht ist unabhängig von dessen Einordnung im Einzelnen somit grundsätzlich auch an die Grundrechte gebunden.[342]

Der Fragestellung, ob das Prozessgrundrecht aus Art. 103 Abs. 1 GG auch auf Verfahren vor dem Rechtspfleger Anwendung finden kann, muss besondere Beachtung geschenkt werden.

338 *Pape/Uhlenbruck*, Kap. 14 Rn. 126 f.; siehe auch die umfassende Arbeit von *Weiland*, par conditio creditorum, passim.

339 Vgl. *Smid*, in: Leonhardt/Smid/Zeuner, InsO, § 76 Rn. 6.

340 Vgl. *Weber*, in: *Jaeger*, KO, § 78 Rn. 2.

341 Beachte auch das Obstruktionsverbot des § 245 InsO, danach soll der sinnvolle Plan nicht am Widerstand einzelner Gläubiger scheitern, siehe etwa: *Bork*, 8. Teil Rn. 338.

342 BVerfG 21, 139, 144 f.

B. Grundrechte der Gläubiger

I. Forderung gegen den Insolvenzschuldner als Eigentum i. S. v. Art. 14 Abs. 1 GG

Die Eröffnung des Insolvenzverfahrens nimmt dem einzelnen Gläubiger die Möglichkeit, seine Forderung gegen den Schuldner im Weg der Einzelzwangsvollstreckung durchzusetzen, § 89 InsO. Der uneingeschränkte Zugriff auf die ihm zustehende Forderung ist ihm also nicht mehr gestattet. Darin liegt ein Grundrechtseingriff, da die Forderung Eigentum i. S. v. Art. 14 Abs. 1 GG ist.[343]

Der Verfahrenszweck der bestmöglichen Gläubigerbefriedung mildert diesen Eingriff etwas ab und schützt die Interessen der Gläubiger.[344] Grundsätzlich soll der Gläubiger seine Forderung ja erhalten. Dies gilt aber in Hinblick auf alle Gläubiger, so dass eine quotale Aufteilung des vorhandenen Restvermögens des Schuldners nötig ist. Im Hinblick auf die meist geringe Quote dürfte dies ein schwacher Trost sein.

II. Gleichbehandlungsgrundsatz nach Art. 3 Abs. 1 GG

Nach neueren Urteilen des BVerfG (1. Senat) liegt ein Verstoß gegen Art. 3 Abs. 1 GG vor, „*wenn eine Gruppe von Normadressaten im Vergleich zu anderen Normadressaten anders behandelt wird, obwohl zwischen beiden Gruppen keine Unterschiede von solcher Art und solchem Gewicht bestehen, dass sie die ungleiche Behandlung rechtfertigen könnten*".[345] *Carl* gibt im Zusammenhang mit Teilnahmerechten im Insolvenzverfahren und dem Gleichbehandlungsgrundsatz zu bedenken, dass im Falle einer bestrittenen Forderung eine Einigung der Gläubiger zu einem anderen Ergebnis kommen könne als eine gerichtliche Entscheidung, obwohl ein gleicher Sachverhalt den Entscheidungen zugrunde liegen könnte.[346] Dies spricht dafür, dass der Anmeldende in jedem Fall von dem Insolvenzgericht angehört werden sollte, wenn ihm kein Stimmrecht gewährt wird.

III. Art. 19 Abs. 4 GG

Art. 19 Abs. 4 GG gewährt dem Bürger eine Rechtsweggarantie. Grundsätzlich reicht es aus, dass die Rechtsordnung dem Bürger die einmalige Möglichkeit zur

---

343 *Carl*, S. 146 ff.; *Adam*, DZWIR 2009, 441; *Siemon*, ZInsO 2011, 382.

344 BVerfG, Beschl. v. 27.06.2005 – 1 BvR 114/05, BVerfG, Beschl. v. 23.05.2006 – 1 BvR 2530/04.

345 BVerfGE 55, 72, 88; 85, 238, 244.

346 *Carl*, S. 172.

Einholung einer gerichtlichen Entscheidung eröffnet.[347] Gemäß dem Wortlaut bietet Art. 19 Abs. 4 GG Schutz vor Akten der öffentlichen Gewalt.

Es stellt sich die Frage, ob die Unanfechtbarkeit der Stimmrechtsfestsetzung durch das Insolvenzgericht einen Verstoß in gegen die Rechtsweggarantie des Art. 19 Abs. 4 GG darstellt. Es soll aber nur ein Schutz *durch* den Richter und nicht *gegen* den Richter gewährleistet werden, so dass Akte der Rechtsprechung nicht unter die öffentliche Gewalt des Art. 19 Abs. 4 GG subsumiert werden können.[348] Entscheidungen eines Richters sollen, es sei denn, es ist ein gesetzlicher Instanzenzug vorgesehen, unanfechtbar sein.[349] Dem Rechtsfrieden dienend soll der Richter somit einen Streit endgültig schlichten können.

1. Höchstrichterliche Rechtsprechung

Nach ständiger Rechtsprechung des Bundesverfassungsgerichts gibt es kein verfassungsrechtlich gesichertes Recht auf Rechtsmittel gegen gerichtliche Entscheidungen.[350]

In Bezug auf das Insolvenzrecht äußert sich der Bundesgerichtshof wie folgt:

> *„Für die im Streitfall hieraus folgende Ungleichbehandlung verfahrensrechtlicher Fragen in der Insolvenzordnung einerseits und der Konkursordnung andererseits gibt es hinreichend gewichtige Gründe, die insbesondere darin bestehen, dass es sich bei der Insolvenzordnung um ein junges Rechtsgebiet handelt, welches verstärkt klärungsbedürftige Grundsatzfragen aufwirft, während dies bei der Abwicklung der Übergangsfälle nach der Konkursordnung nicht in diesem Maße zu erwarten ist. Im Übrigen befindet sich die Regelung des Beschwerderechtszuges bezüglich der konkursrechtlichen Altfälle im Einklang mit der Einzelzwangsvollstreckung, für die ebenfalls keine dem § 7 InsO vergleichbare Regelung geschaffen worden ist (vgl. § 793 ZPO n. F.), obwohl nach § 793 Abs. 2 ZPO a. F. die sofortige weitere Beschwerde – entsprechend § 73 Abs. 3 KO – grundsätzlich eröffnet war.*[351]

Das Bundesverfassungsgericht ergänzt dies in seinem Beschluss[352]:

> *„Es ist Sache des Gesetzgebers, bei der Ausgestaltung des Verfahrens die einander widerstreitenden Gesichtspunkte gegeneinander abzuwägen und zu entscheiden, welchem von ihnen jeweils der Vorzug zu geben ist. In sachlicher Hinsicht muss der Gesetzgeber die betroffenen Belange angemessen gewichten und in Bezug auf die Auswirkung der Regelung auf den einzelnen Rechtsuchenden den Grundsatz der Verhältnismäßigkeit beachten (BVerfGE 88, 118,*

347 BVerfGE 54, 277, 291; 107, 395, 402; 112, 185, 207.

348 *Hofmann*, Kommentar zum GG, Art. 19 IV Rn. 44.

349 *Schmid-Aßmann*, in: Maunz/Dürig. GG, Art. 19 IV Rn. 17.

350 Vgl. BVerfGE 65, 76, 90; 87, 48, 61; 89, 381, 390; 96, 27, 39.

351 BGH, Beschl. v. 11.07.2002 – IX ZB 80/02.

352 Vgl. Erster Teil 2. Kap., C.

124 f.; 116, 1, 18 f.). Auch der Richter muss die Tragweite des Grundrechts auf wirkungsvollen Rechtsschutz berücksichtigen (vgl. BVerfGE 77, 275, 284; 88, 118, 125)."[353]

2. Qualifikation der insolvenzgerichtlichen Tätigkeit

Nimmt man an, dass die Insolvenzrichter im Insolvenzverfahren Aufgaben materieller Verwaltung wahrnehmen, wäre der Rechtsweg grundsätzlich gemäß Art. 19 Abs. 4 GG eröffnet, soweit ein Grundrechtseingriff von Seiten des Insolvenzgerichts vorläge.[354]

IV. Teilnahme am Verfahren als Voraussetzung der Gewährung rechtlichen Gehörs i. S. v. Art. 103 Abs. 1 GG

1. Allgemein

Art. 103 Abs. 1 GG verpflichtet das Gericht, den Vortrag der Beteiligten zur Kenntnis zu nehmen und bei seiner Entscheidung zu berücksichtigen.[355]

Die allgemeine Notwendigkeit des Anspruches auf rechtliches Gehör erschließt sich für jedermann im strafrechtlichen Bereich ohne Schwierigkeiten. Undenkbar erscheint es, eines Vergehens oder sogar Verbrechens angeklagt zu werden, ohne sich zu diesem Vorwurf äußern zu dürfen. In einem Unrechtsstaat wie dem des Dritten Reiches war ein derartiges Vorgehen gleichwohl möglich. In dieser Zeit wurde dieses selbstverständliche Prinzip außer Kraft gesetzt, da Rechte des Einzelnen nichts zählten, insbesondere wenn Personen schon durch Herkunft, Religion und politische Einstellung durch das erwünschte parteipolitische und arische Raster fielen. Eine Anhörung des Betroffenen wurde somit überflüssig.[356] Aufgrund dieser Erfahrung wurde erstmals im „Chiemseer Entwurf"[357] das rechtliche Gehör verankert.[358]

---

353 BVerfG, Beschl. v. 26.11.2009 – 1 BvR 339/09.

354 § 6 Abs. 1 InsO darf in diesem Zusammenhang nicht übersehen werden.

355 BVerfGE 83, 24, 35.

356 Vgl. etwa das Gesetz zum Schutze des deutschen Blutes und der deutschen Ehre (sog. Blutschutzgesetz) als Teil der Nürnberger Gesetze: § 1 BlSchG: *„Eheschließungen zwischen Juden und Staatsangehörigen deutschen oder artverwandten Blutes sind verboten*; § 5 Abs.1 BLSchG: *Wer dem Verbot des § 1 zuwiderhandelt, wird mit Zuchthaus bestraft.*"

357 In der Kommentierung zu Art. 135 findet sich auch der Hinweis, dass der Anspruch auf rechtliches Gehör selbstverständlich sei, aber die jüngsten Erfahrungen (unter dem NS-Regime) eine Verankerung notwendig erscheinen lassen, vgl. Bericht über den Verfassungskonvent auf Herrenchiemsee, München 1948.

358 M. w. N. *Sawang*, S. 54.

2. Anwendbarkeit auf Verfahren vor dem Rechtspfleger

Zum Teil wird jedoch von der Literatur und der Rechtsprechung eingewandt, dass der Anspruch auf rechtliches Gehör aus Gründen der Systematik in Verfahren vor dem Rechtspfleger keine Anwendung finden könne, da dieses Prozessgrundrecht im IX. Abschnitt des Grundgesetzes stehe und dieser die Überschrift „Die Rechtsprechung" trage.[359] Diese Argumentation kann aber nicht greifen, da es mehr oder weniger vom Zufall abhängt, ob das Insolvenzverfahren vom einem Rechtspfleger oder einem Richter geleitet wird. So kann der Richter gemäß § 18 Abs. 3 RpflG sich das Insolvenzverfahren ganz oder teilweise vorbehalten, wenn er dies für geboten hält. Im weiteren Verlauf kann er das Verfahren wieder übertragen und ebenfalls wieder an sich ziehen.

Würden die Gläubiger in diesem Fall unterschiedlich behandelt, läge darin sowohl ein Verstoß gegen das Prinzip der Gläubigergleichbehandlung und ebenfalls gegen Art. 3 Abs. 1 GG.

Vallender führt zu Recht durch Anwendung eines Umkehrschlusses an, dass die Geltung des rechtlichen Gehörs auch in das Insolvenzverfahren, in welchem der Amtsermittlungsgrundsatz gilt, Eingang gefunden haben müsse, wenn dies schon der Fall für Verfahren mit Offizialmaxime sei.[360] Es sprechen also gute Gründe dafür, den Anspruch auf rechtliches Gehör auch im Insolvenzverfahren anzuwenden.

3. Art. 103 Abs. 1 GG konkret auf das Insolvenzverfahren bezogen

Wird einem Gläubiger durch das Gericht ein Stimmrecht in der Gläubigerversammlung versagt, so wird er seiner Möglichkeit zur aktiven Teilnahme am Insolvenzverfahren seines Schuldners beraubt. Fraglich ist, in welchem Umfang diese Teilnahmerechte verfassungsrechtlich verbürgt sind. In Betracht kommt ein Verstoß gegen Art. 103 Abs. 1 GG, wonach dem Bürger ein Anspruch auf rechtliches Gehör zusteht.

Das Prinzip des rechtlichen Gehörs geht auf die Antike zurück: „*und ich werde sowohl die Ankläger als auch die sich zu Verteidigenden anhören, beide gleich*".[361]

---

359 BVerfG, Beschl. v. 18.01.2000 – 1 BvR 321/96; *Hess*, Bd. I, § 2 Rn. 13.

360 *Vallender*, in: Kölner Schrift, S. 250 f.

361 „ἀκροάσομαι τοῦ τε κατηγόρου καὶ τού ἀπαλογουμέωου ὁμοίως ἀμφοῖν", Demosthenes gegen Timokrates S. 149; Vgl. auch Fokylides, Epen, 87; *Hesiod*, Fragmente, 271 [268]; Aristophanes, Wespen, 725.

Die lateinische Fassung *„audiatur et altera pars“*[362] findet sich in der römischen Literatur schon in Senecas Bearbeitung der Tragödie „Medea“ von Euripides mit den Worten *„qui statuit aliquid parte inaudita altera, aequum licet statuerit, haud aequus fuit“*.[363]

Allgemein soll damit zunächst dem Betroffenen die Gelegenheit eingeräumt werden, sich stets zu Angelegenheiten, die ihn betreffen, äußern zu können.[364] Dieses Recht zur Erklärung leuchtet sofort ein. Es erscheint höchst unzumutbar, dass der Staat möglicherweise Entscheidungen über den Kopf des Betroffenen hinweg trifft, ohne ihn zur Sache angehört zu haben.[365] So ist der Ansatzpunkt, der den Anspruch auf rechtliches Gehör aus der Menschenwürde (Art. 1 Abs. 1 GG) ableitet, nicht weiter verwunderlich.[366] Die Menschenwürde verbietet es ja gerade, dass der Einzelne zum Objekt wird[367] – und nichts anderes würde es auf den ersten Blick bedeuten, wenn der Staat nur aufgrund von Aktenlage über das Schicksal eines Menschen bestimmen würde.

Jedoch kann das Prinzip der generellen Anhörungsmöglichkeit nur grundsätzlich gelten. So können zum Beispiel übergeordnete Belange ein Handeln des Staates vor einer Anhörung unumgänglich machen.[368] Es ist damit eine Abwägung des Einzelfalls notwendig, so dass schon an dieser Stelle die Ableitung des Anspruches auf rechtliches Gehör aus der Menschenwürde fehlgreift.[369] Kennzeichen und Notwendigkeit der Menschenwürde ist es gerade, dass eine Abwägung nicht stattfinden darf.[370] Die Menschenwürde ist kein Gut, welches mit einem anderen in die Waagschale geworfen werden kann, sondern stets unantastbar ist. Jedoch könnten die verfahrensrechtlichen Besonderheiten des Insolvenzverfahrens schon Anlass zu der Frage geben, ob und, wenn ja, in welchem Maß hier dem Gläubiger ein Anspruch auf rechtliches Gehör zusteht.

---

362 Lat.: *„Gehört werde auch der andere Teil“*.

363 *Wacke*, S. 367 ff.; lat.: *„Wer etwas festlegt, ohne vorher die andere Partei gehört zu haben, hat nicht recht gehandelt, mag er auch eine gerechte Entscheidung getroffen haben.“*

364 *Pawlowski/Smid*, FGG, Rn. 190.

365 Jedenfalls bedarf es dafür guter Gründe, vgl. etwa § 28 Abs. 2 VwVfG.

366 *Dürig*, in: Maunz/Dürig, GG, Art. 103 Rn. 36.

367 *Herdegen*, in: Maunz/Dürig, GG, Art.1 Rn. 36.

368 *„Eine Ausnahme gilt nur, wenn eine vorherige Anhörung den Zweck der Maßnahme vereitelte oder wenn die Entscheidung nach vorheriger Anhörung zu spät käme“* (vgl. BVerfGE 65, 227, 233 f.; 83, 24, 35 f.), BVerfG, Nichtannahmebeschl. v. 24.02.2009 – 1 BvR 188/09.

369 Zur Unmöglichkeit der Relativierung der Menschenwürde vgl. *Carl*, S. 168.

370 *Epping*, Kap. 12 Rn. 662.

Dabei stellt sich zunächst die Frage, in welcher Form dem Einzelnen rechtliches Gehör zu gewährleisten ist. Festzuhalten ist, dass Art. 103 Abs. 1 GG über das Recht auf eine generelle Verfahrensbeteiligung keinen Anspruch auf Einflussnahme einräumt.[371] Art. 103 Abs. 1 GG sichert also nicht den Erhalt von Stimmrechten.

Adam beleuchtet die Frage, ob den Gläubigern ihr Anspruch auf rechtliches Gehör zugebilligt werde, lediglich vom Standpunkt der bereits vorliegenden Verfahrensteilnahme aus.[372] Wie *Rüping* anmerkt, kennt das Gesetz keine Legaldefinition des rechtlichen Gehörs.[373] Zu groß ist die Bedeutung dieses „*Urrechts, als dass man es in ein, zwei Sätzen zusammenfassen könnte*". *Rüpings* Untersuchung gipfelt in dem Ergebnis, das Prinzip des rechtlichen Gehörs wurzele in der Selbstbehauptung des Einzelnen.[374] Das Stichwort der „*Selbstbehauptung*" passt sehr gut in den Rahmen des Insolvenzverfahrens. Der Gläubiger meldet seine Forderung an und will/muss Stellung dazu beziehen, warum sie ihm zustehe.

Ist eine Forderung unter den Gläubigern streitig oder wendet sich der Insolvenzverwalter dagegen, muss das Gericht Kenntnis vom Vortrag des betroffenen Gläubigers nehmen können und dies in seiner Entscheidung berücksichtigen.

3. Kapitel: Stimmrechte im insolvenzrechtlichen Gefüge

A. Grundprinzipien des Insolvenzrechts

I. Bestmögliche Befriedung aller Gläubiger als oberstes Prinzip

Die bestmögliche finanzielle Befriedigung der Gläubiger ist einer der Hauptpunkte der sog. „Programmnorm" des Insolvenzrechts, § 1 InsO.[375]

II. Gleichbehandlung aller Gläubiger

Es ist untertrieben, den Grundsatz der par condicio creditorum als einen Grundpfeiler der Insolvenzordnung darzustellen. *Bork* nennt ihn einen der wichtigsten Topoi des Insolvenzverfahrens. [376] In der Insolvenzordnung wird gleich zu

371 *Carl*, S. 166.

372 *Adam*, DZWIR 2009, 441.

373 *Rüping*, S. 11.

374 *Rüping*, S. 135.

375 Vgl. *Henckel*, in: Jaeger/Henckel, InsO, § 1 Rn. 2.

376 Fachanwaltsbuch, Teil 1 Rn. 1.1.

Anfang klargestellt, dass das Insolvenzverfahren Mittel zum Zweck der Gläubigergleichbehandlung ist, vgl. § 1 Abs. 1 S. 1 InsO.[377]

In der Insolvenzordnung wird der Gleichbehandlungsgrundsatz im Gegensatz zur EuInsVO nicht ausdrücklich genannt. In Art. 20 Abs. 2 EuInsVO heißt es: „Zur Wahrung der Gleichbehandlung der Gläubiger nimmt ein Gläubiger, der in einem Insolvenzverfahren eine Quote auf seine Forderung erlangt hat, an der Verteilung im Rahmen eines anderen Verfahrens erst dann teil, wenn die Gläubiger gleichen Ranges oder gleicher Gruppenzugehörigkeit in diesem anderen Verfahren die gleiche Quote erlangt haben." Lediglich der § 226 regelt die Gleichbehandlung der Beteiligten.[378]

Die weiteren sozialstaatlich geprägten Ziele sind vom Gesetzgeber in einem klaren Stufenverhältnis dazu gesetzt.[379] Der Erhalt eines Unternehmens mag auch den Gläubigerinteressen dienen, wenn die Fortführung des Betriebes dazu führt, dass mit dem eingefahrenen Gewinn Verbindlichkeiten beglichen werden können und die Gläubiger auf diese Weise voll befriedigt werden, anstatt nur einen Bruchteil ihres gewährten Kredites durch die ausgeschüttete Quote zurückzuerhalten. Man darf aber nicht vergessen, dass die Fortführung eines Unternehmens ein erhebliches Risiko in sich birgt und es unter Umständen auch im Hinblick auf Arbeitsplätze sinnvoller ist, ein Unternehmen aufzugeben. Die stetige Veränderung des Marktes und der technischen Weiterentwicklung bedürfen auch einer Angleichung der Industrie. So entsteht eine Form der natürlichen Selektion, die den Erhalt von Arbeitsplätzen in die Schaffung von Arbeitsplätzen wandelt. Setzt man nun das zweite Strukturprinzip der Insolvenzordnung, die Gläubigerautonomie, hinzu, wird deutlich, dass der Gleichbehandlungsgrundsatz zwingend an die Spitze der insolvenzrechtlichen Ziele gesetzt werden muss. Würde man die Entschuldungs- und Sanierungsfunktion voranstellen, wäre die Gläubigerautonomie außer Kraft gesetzt, da sich diese Ziele häufig nicht mit den Interessen der Gläubiger decken.

1. Einschränkungen des Gleichbehandlungsgrundsatzes

Dennoch werden immer wieder Gründe, wie etwa die Konsolidierung des Staatshaushalts, ins Feld geführt, um den Gleichbehandlungsgrundsatz einzuschränken. Als Mittel sollte eine Bevorzugung des Fiskus als Gläubiger eingesetzt werden. So sollte dem § 96 InsO erst folgender Absatz 3 angefügt werden:

---

377 *Smid/Leonhardt*, in: Leonhardt/Smid/Zeuner, InsO, § 1 Rn. 11.

378 Die Vorschrift dient dazu, den Gleichbehandlungsgrundsatz *„ins Planverfahren zu transformieren"*, *Rattunde*, in: Leonhardt/Smid/Zeuner, InsO, § 226 Rn. 1.

379 *Smid*, DZWIR 1997, 309 ff.

„(3) *Absatz 1 sowie § 95 Absatz 1 Satz 3 stehen der Aufrechnung von Ansprüchen aus dem Steuerschuldverhältnis durch Finanzbehörden des Bundes, der Länder oder der Gemeinden nicht entgegen.*“[380] Diese Regelung fand aber keinen Eingang in die Insolvenzordnung. Ein kleines Fiskusprivileg schafft jedoch die Neuregelung des § 55 Abs. 4 InsO.[381] So mag man sich wünschen, der Gesetzgeber würde sich auf folgende Worte aus den Motiven zu der Konkursordnung aus dem Jahre 1877 besinnen: „*Jede noch so gute Vorrechtsordnung ist ein Übel, je feiner ersonnen, je mehr abgestuft und ausgebildet, ein desto schlimmeres Übel. (...) Die Beseitigung aller Vorrechte muss das Ziel sein, welches die Gesetzgebung nicht aus den Augen verlieren darf (...)*“[382]

2. Gleichbehandlung als moralischer Ansatz

Der Gleichbehandlungsgrundsatz entspringt dem Gedanken, dass es schlicht ungerecht wäre, wenn in Bezug auf die ungesicherten Gläubiger mit zweierlei Maß gemessen würde. Aus heutiger Sicht scheint dieser Grundsatz eine Selbstverständlichkeit, denn schon im Corpus Iuris Civilis heißt es:

„*qui vero post bona possessa debitum suum recepit, hunc in portionem vocandum exaequandumque ceteris creditoribus: neque enim debuit praeripere ceteris post bon possessa, cum iam par condicio omnuim creditorum facta esset.*“[383]

Die *par condicio* war aber wohl im römischen Recht eher als ein Reflex des damaligen Rechts zu verstehen, um eine Chancengleichheit der Gläubiger zu gewährleisten[384] und keine klare gesetzgeberische Entscheidung.

3. Gleichbehandlung auch auf verfahrensrechtlicher Ebene

Der Gleichbehandlungsgrundsatz wird zumeist in zwei sog. Schichten aufgespalten verstanden. Zunächst soll die Gläubigergleichbehandlung zu einer

---

380 BT-Drucks. 17/3030.

381 „*Verbindlichkeiten des Insolvenzschuldners aus dem Steuerschuldverhältnis, die von einem vorläufigen Insolvenzverwalter oder vom Schuldner mit Zustimmung eines vorläufigen Insolvenzverwalters begründet worden sind, gelten nach Eröffnung des Insolvenzverfahrens als Masseverbindlichkeit*“, Haushaltsgesetz 2011 v. 09.12.2010; BGBl. 2010 I Nr. 63, S. 1885 ff.

382 *Hahn/Mugdan*, Gesamte Materialien zu den Reichsjustizgesetzen, S. 238.

383 Corpus Iuris Civilis, Ulp. D. 42, 8.6, § 7: „*Wer aber nach Beschlagnahme des Vermögens seine Forderung einzieht, der muss zur Mitleidenheit gezogen und den übrigen Gläubigern gleichgestellt werden, denn nach der Beschlagnahme durfte er den Uebrigen nichts einziehen, da dann alle Gläubiger in gleiche Lage gesetzt sind.*“

384 *Tkatchenko*, S. 104 m. w. N.

gleichmäßigen Befriedigung in finanzieller Hinsicht führen.[385] Setzt man aber die Gläubigerautonomie und das Ziel der Gleichbehandlung in Beziehung zueinander, so wird klar, dass beide Prinzipien sich beeinflussen und so ein einheitliches Bild der in der Insolvenzordnung herrschenden Strukturen abgeben. Die Gläubiger sollten in ihrer Möglichkeit, sich autonom am Verfahren zu beteiligen, ebenfalls gleichbehandelt werden.

III. Sicherung des Rechtsfriedens und der Gläubigerbefriedigung

Das Insolvenzverfahren erfüllt in der Rechtsordnung eine komplexe Aufgabe. So soll es sowohl rechtsbefriedend wirken[386] als auch den Gläubiger bestmöglich zu seinem Recht verhelfen. Das sprichwörtliche Zusammenlaufen der Gläubiger (concursus creditorum[387]) soll durch das staatlich geordnete Verfahren vermieden werden.[388] Wer sein Recht nicht dinglich gesichert hat, erfährt zumindest unter den ungesicherten Insolvenzgläubigern eine Gleichbehandlung.[389]

IV. Insolvenzverfahren als Politikum

Neben den Gläubigerinteressen spielen aber auch öffentliche Belange eine Rolle. Mit der Verfahrenseröffnung sind gewisse Erwartungen der Allgemeinheit verbunden. Im Mittelpunkt steht meist der Erhalt von Arbeitsplätzen. Eine Insolvenz soll möglichst verhindert oder zumindest eine Verbesserung der Verfahrensabhandlung – seitens der Insolvenzverwalter oder der Insolvenzgerichte – erreicht werden. Beispiele hierfür sind die Insolvenzen der Kirch-Gruppe oder von Karstadt, Opel und Schlecker. Aufgrund des großen medialen Interesses nutzen Politiker gern dieses Feld, um sich durch vermeintliche Verbesserungsvorschläge Wählerstimmen zu sichern.[390]

---

385 Vgl. etwa *Baur/Stürner*, Rn. 5. 36.

386 Als „*Apsortion und Neutralisierung heterogener, wiederstreitender Interessen*", *Smid/Leonhardt*, in: Leonhardt/Smid/Zeuner, InsO, § 1 Rn. 2; *Smid*, Handbuch Insolvenzrecht, § 1 Rn. 20 f.; zur Ordnungsaufgabe des Insolvenzverfahrens siehe: *Haarmeyer*, in: Festschrift für Fischer, S. 193–208.

387 Siehe Fn. 40.

388 *Smid*, Handbuch Insolvenzrecht, § 1 Rn. 20.

389 *Reischl*, § 1 IV 3 Rn. 38.

390 Der ehemalige Bundesminister für Wirtschaft zu Guttenberg forderte 2009 die Insolvenz von Opel und sorgte ebenso für Aufsehen.

B. Stellung der Gläubiger im Verfahren

I. Begriff der „Gläubigerschaft"

Die maßgeblich am Insolvenzverfahren Beteiligten sind die Gläubiger.

Unter Beteiligung innerhalb des Insolvenzverfahrens ist etwas Ähnliches zu verstehen wie im kollektiven Arbeitsrecht, in welchem darunter die Mitbestimmung und die Mitwirkung der Arbeitnehmer zu verstehen sind. So sind auch im Insolvenzrecht unter den maßgeblichen Beteiligten nur die zu verstehen, die das Verfahren mitgestalten bzw. mit einem dementsprechenden Recht dazu ausgestattet sind.

Diese bilden eine Verlustgemeinschaft.[391] Damit ist die faktische Auswirkung des Grundsatzes der Gläubigergleichbehandlung auf den Einzelnen umschrieben, der den größten Teil seiner Forderung verliert.[392] Zwar sollen alle Gläubiger eine gemeinschaftliche Befriedigung ihrer Verbindlichkeiten gegen den Schuldner erfahren, in voller Höhe ist diese jedoch nur theoretisch denkbar. Der Begriff der Verlustgemeinschaft sagt indes aber nichts über die rechtliche Gestaltung dieser Gemeinschaft aus. In den Abhandlungen zur Konkursordnung findet man oft den Begriff der sog. „Gläubigerschaft".[393] Das Verständnis von einer „Gläubigerschaft" im Insolvenzverfahren ist nicht ganz frei von Bedenken.[394] *Pasquan* definiert eine Gläubigerschaft als *„eine von den einzelnen Gläubigern verschiedene Personenmehrheit, welche eigene Rechts- und Handlungsfähigkeit und selbständige Rechte an der Konkursmasse"* hat.[395]

Die Insolvenzmasse befriedigt aber nicht ein Kollektiv, sondern den einzelnen Gläubiger. Der Begriff der Rechtsgemeinschaft darf jedoch nicht mit dem des Rechtssubjekts verwechselt werden. Ein sog. *„corpus creditorum"* entsteht durch die gesetzliche Zwangsgemeinschaft sicherlich nicht.[396] Der Begriff findet aber auch heute noch Verwendung.[397]

Darunter ist aber eher der faktische Zusammenschluss der Gläubiger zu verstehen.[398]

---

391 *Hess*, Insolvenzrecht, Rn. 2.

392 *Forster*, S. 116.

393 *Seichter*, Die „Gläubigerschaft" im Konkurse, passim; *Kohler*, Lehrbuch des Konkurses, passim.

394 Vgl. *Pasquay*, S. 418 ff.

395 *Ders.* ebenda.

396 M. w. N.: *Krumm*, Steuervollzug und formelle Insolvenz, S. 44.

397 *Wellensiek*, BB 2000, 5.

398 Die Endsilbe „-schaft" ist ein Substantivierungssuffix. Sie stammt von 2 althochdeutschen Wörtern 1) scaf: Beschaffenheit, Ordnung, Plan 2) giscaf(t): Schöpfung,

In der Insolvenzordnung wird der Begriff der Gläubigerversammlung selbst nicht definiert. § 74 Abs. 1 S. 2 InsO[399] legt nur fest, wer zur Teilnahme berechtigt ist. Aus der Zielbestimmung der Insolvenzordnung lässt sich jedoch eine Verbundenheit der Gläubiger ablesen. So sollen alle Gläubiger nach § 1 Abs. 1 S. 1 InsO gemeinschaftlich befriedigt werden. Somit könnte eine Interessengemeinschaft der Gläubiger vorliegen.[400] Sicherlich wird man sagen können, dass die Gläubiger der Wunsch verbindet, einen möglichst hohen Betrag bei der Verteilung der Insolvenzmasse zu erhalten. Die gesetzlich eingeräumte Gläubigerautonomie lässt jedoch einen Spielraum offen, wie die Gläubiger das Verfahren gestalten, um ihre Interessen bestmöglich zu vertreten. Die unterschiedlichen Optionen, die den Gläubigern zur Verfügung stehen, werden dazu führen, dass der einzelne Gläubiger diejenige favorisieren wird, von welcher er sich den meisten Nutzen verspricht. In der Beschlussfassung der Gläubigerversammlung kommt es dann zu der Entscheidung, die von der Mehrheit der Gläubiger als erfolgsversprechend empfunden wird. Die Gläubigerautonomie kann erst umgesetzt werden, wenn jeder zunächst autonom seine eigene Meinung fällt und dann ein mehrheitsfähiger Konsens gefunden wird. Dadurch entstehen widerstreitende Ansichten, um die eigenen Interessen zu wahren. Von einer Interessengemeinschaft der Gläubiger kann also nicht ausgegangen werden.

Jedoch wird schon in den Motiven zur Konkursordnung festgestellt, dass *„unabhängig vom Willen des Einzelnen … unter ihnen die rechtliche Gemeinschaft“* entsteht.[401] Der Staat schafft also ein Verfahren, in dem die Einzelvollstreckung außer Kraft gesetzt wird. Auf der einen Seite werden die Betroffen unfreiwillig daran beteiligt werden, auf der anderen Seite werden ihnen dadurch auch Teilnahmerechte gewährt. Gläubiger sind damit durch ihr Teilnahmerecht am Verfahren miteinander verbunden.

II. Gläubigerversammlung und Gläubigerausschuss

Auf Gläubigerebene sind die Organe des Gesamtvollstreckungsverfahren die Gläubigerversammlung und der Gläubigerausschuss.[402]

Erschaffung, Geschaffenes, Geschöpf; Beschaffenheit, Zustand, Gestalt, Form, Wesen, meist eine kollektive Bedeutung, *Henzen* S. 190 f.

399 *„Zur Teilnahme an der Versammlung sind alle absonderungsberechtigten Gläubiger, alle Insolvenzgläubiger, der Insolvenzverwalter, die Mitglieder des Gläubigerausschusses und der Schuldner berechtigt.“*

400 *Kübler*, S. 17.

401 Vgl. Motive zur KO, S. 47.

402 *Foerste*, Insolvenzrecht, § 7 Rn. 66.

1. Gläubigerversammlung

Die Gläubigerversammlung ist das Beschlussorgan der Gläubiger.[403] Im Gesetz sind sowohl zwingende als auch fakultative Gläubigerversammlungen vorgesehen. Die wichtigsten Versammlungen sind der Berichtstermin und der Prüfungstermin (§§ 156, 176 InsO) sowie der Schlusstermin (§ 197 InsO) und der Erörterungs- und Abstimmungstermin über den Insolvenzplan (§ 235 InsO). Außerdem finden Versammlungen statt, wenn der Insolvenzverwalter, der Gläubigerausschuss oder eine qualifizierte Gläubigermehrheit es verlangt (§ 75 InsO). Nur Insolvenzgläubiger (§ 77 Abs. 1 InsO) und absonderungsberechtigte Gläubiger (§77 Abs. 3 Nr. 2 InsO) haben Stimmrechte in der Gläubigerversammlung.

2. Gläubigerausschuss

Der Gläubigerausschuss stellt ein fakultatives Organ dar.[404] Das Insolvenzgericht kann ihn vor der ersten Gläubigerversammlung einsetzen, § 67 InsO. Unter gewissen Umständen[405] ist auch die Einsetzung eines vorläufigen Gläubigerausschusses möglich, § 22a InsO.

III. Gläubigerinteressen

Das kapitalistische Motiv der Gläubiger, also die Mehrung des eigenen Vermögens bzw. das Abwenden von finanziellen Schäden, beherrscht das Handeln der Gläubiger. Darin steckt ein großes Konfliktpotenzial der Gläubiger untereinander, weil der Weg zur Erreichung des gemeinsamen Ziels unterschiedlich gesehen werden wird.

IV. Verhältnis der Gläubiger untereinander

Mehrheitsentscheidungen prägen das Verfahren. Die Zwangsvergemeinschaftung der Gläubiger postuliert, mehrheitsfähige Beschlüsse zum Wohle aller zu treffen. Diese Gleichbehandlung der nichtprivilegierten Gläubiger dient in erster

---

403 Umfassend zum Aufgabenkatalog der Gläubigerversammlung: *Pape*, Gläubigerbeteiligung, S. 9 ff.

404 *Häsemeyer*, 6. Kap. Rn. 6.13.

405 So bestimmt der § 22a Abs. 1 beispielsweise folgende Voraussetzungen: 1. mindestens 4 840 000 Euro Bilanzsumme nach Abzug eines auf der Aktivseite ausgewiesenen Fehlbetrags im Sinne des § 268 Absatz 3 des Handelsgesetzbuchs; 2. mindestens 9 680 000 Euro Umsatzerlöse in den zwölf Monaten vor dem Abschlussstichtag; 3. im Jahresdurchschnitt mindestens 50 Arbeitnehmer.

Linie dem Rechtsfrieden.[406] Deshalb ist auch eine Privilegierung der Sozialkassen nicht gerechtfertigt.

So stand auch der § 28e I 2 SGB IV[407] in der Diskussion, ob er abgeschafft werden solle.[408] Hat ein Gläubiger seine Forderung nicht in irgendeiner Form besonders gesichert[409], wird er einem anderen gegenüber nicht bevorzugt behandelt. So wird verhindert, dass der Schuldner unruhestiftend einzelne Gläubiger aufgrund persönlicher Gefälligkeiten oder Affinitäten bevorzugt befriedigt. Somit handelt es sich dabei auch um ein *„Stück sozialer Gesetzgebung*“[410], da es dem Einzelnen verwehrt wird, eigene Interessen ohne Rücksicht auf die anderen Gläubiger seines Schuldners durchzusetzen. Ebenso sind die verfahrensrechtlichen Vorschriften den Besonderheiten des Insolvenzverfahrens angepasst.

Da das Vermögen des Schuldners nicht mehr ausreicht, um alle seine getroffenen Verbindlichkeiten zu befriedigen, kann das in der ZPO verankertet Prioritätsprinzip (§ 804 Abs. 3 ZPO) der Einzelvollstreckung in dieser Situation nicht gelten.[411] Im schlimmsten Fall käme es sonst zu belagerungsähnlichen Zuständen beim Schuldner, wenn alle Gläubiger gleichzeitig versuchen würden, an ihr Geld zu kommen. Der Gleichbehandlungsgrundsatz beugt dem gewissermaßen vor.

Auch gilt ein Vollstreckungsverbot nach Verfahrenseröffnung, § 89 InsO. Die Gläubiger können ihre Ansprüche somit nicht mehr einzeln durchsetzen, sondern müssen sich mit einer gemeinsamen quotalen Ausschüttung begnügen.[412] Aus den einzelnen Gläubigern wird im Insolvenzverfahren also eine

---

406 Vgl. Fn. 381.

407 § 28e Zahlungspflicht, Vorschuß: *„(1) Den Gesamtsozialversicherungsbeitrag hat der Arbeitgeber zu zahlen. Ist ein Träger der Kranken- oder Rentenversicherung oder die Bundesagentur für Arbeit der Arbeitgeber, gilt der jeweils für diesen Leistungsträger oder, wenn eine Krankenkasse der Arbeitgeber ist, auch der für die Pflegekasse bestimmte Anteil am Gesamtsozialversicherungsbeitrag als gezahlt; dies gilt für die Beiträge zur Rentenversicherung auch im Verhältnis der Träger der Rentenversicherung untereinander.*“

408 Vgl. Diskussionsentwurf des BMJ für ein Gesetz zur weiteren Erleichterung der Sanierung von Unternehmen, ZIP 2010, Beilage 1 zu Heft 28, S. 3.

409 So können Aussonderungs- und Absonderungsrechte an der Masse bestehen, die vorrangig zu behandeln sind.

410 So schon 1903 *Kohler*, Leitfaden des Deutschen Konkursrechts, S. 2.

411 Verbot der Individualvollstreckung als „Kernbestand“ des Insolvenzrechts, *Smid*, in: Leonhardt/Smid/Zeuner, InsO, § 89 Rn. 1.

412 Quotale Befriedigung als eine Leitidee des Insolvenzrechtes, vgl. Motive zur KO, S. 17 f.

Interessen*gemeinschaft*[413], welche mit dem Eröffnungsbeschluss haftungsrechtlich das pfändbare Vermögen des Insolvenzschuldners zugewiesen wird.[414]

Gleichwohl können die Begriffe Gläubigerautonomie und Gläubigerschaft im wirklichen Verfahren nur mühsam in Einklang gebracht werden, so dass die Durchschlagskraft des Argumentes der anzustrebenden Gläubigerautonomie in der Literatur relativiert wird.[415] Zu stark kann aber der Eigennutz der Gläubiger ausgeprägt sein, als dass stets zum Wohle aller gleichsam im Verfahren an einem Strang gezogen würde. Dieser Zwangszusammenschluss der Gläubiger muss aber neben den tatsächlichen Problemen der Entscheidungsfindung auch eine Reihe anderer verfahrensrechtlicher Hürden überwinden, die es im Rahmen dieser Untersuchung zu durchleuchten gilt. Hinzu kommen noch die oben erwähnten Spannungsverhältnisse der Gläubiger untereinander. Diese treten insbesondere dann hervor, wenn es um die Frage geht, ob das schuldnerische Unternehmen saniert oder liquidiert werden soll.[416]

C. Das Insolvenzgericht

I. Zuständigkeit

1. Sachliche Zuständigkeit

Die sachliche Zuständigkeit des Amtsgerichts im Rahmen des Insolvenzverfahren ergibt sich aus § 2 Abs. 1 InsO (§ 22 GVG). Zu den zugewiesen Aufgaben gehören wegen der größeren Sachnähe auch Entscheidung auf vollstreckungsrechtlicher Ebene (vgl. etwa §§ 36 Abs. 1 S. 2, 89 Abs. 3 InsO) und die Abnahme der eidesstattlichen Versicherung im Insolvenzverfahren (z.B. § 98 InsO).[417]

2. Funktionelle Zuständigkeit

Die funktionelle Zuständigkeit im Insolvenzverfahren ist gespalten. Bis zur Verfahrenseröffnung gebührt die funktionelle Zuständigkeit allein dem Richter, § 18 Abs. 1 Nr. 1 RPflG. Nach Verfahrenseröffnung geht sie auf den Rechtspfleger über (§ 3 Nr. 2 lit. e RPflG), jedoch kann der Richter das Verfahren jederzeit wieder an sich ziehen, § 18 Abs. 2 RPflG. Diese Spaltung der Zuständigkeit birgt sowohl Vor- als auch Nachteile in sich. So ist die Tätigkeit eines Rechtspflegers

---

413 *Wimmer/Stenner*, S. 199.

414 *Smid*, Hndbuch des Insolvenzrechts, § 13; *Henckel*, in: Festschrift für Weber, 1975, 237 ff.

415 Vgl. *Jellinek*, S. 21 f.; *Neumann*, S. 55 ff.

416 *Neumann*, S. 56.

417 *Schmidt/Rüther*, in: HamKomm, InsO, § 2 Rn. 2.

aus fiskalischen Gründen im wahrsten Sinne des Wortes günstiger, da für die gleiche Tätigkeit niedrigere Besoldungsmittel nötig sind.[418]

Durch diese Zuständigkeitsaufteilung können aber auch Probleme auftreten. So kann es zu einem Spannungsverhältnis kommen. Der Richter als *Generalist* trifft auf den Rechtspfleger als *Spezialist*, so dass es gilt, daraus einen positiven Synergieeffekt zu schaffen, anstatt die Arbeit des jeweils anderen in Frage zu stellen.[419] Interessant ist diese Spaltung aber auch im Hinblick auf mögliche Rechtsbehelfe gegen die Entscheidungen des Richters oder des Rechtspflegers. Anfechtbar sind nur jene des Rechtspflegers, § 18 Abs. 3 RPflG, so dass man darauf schließen könnte, der Gesetzgeber habe in Bezug auf die Stimmrechtsfestsetzung die darin enthaltenen Probleme auf der Ebene der funktionellen Zuständigkeit angesiedelt. Der Rechtspfleger wird gewissermaßen als minderwertiger Richter angesehen, dessen Entscheidung korrigierbar ist.[420] Gleichzeitig soll mit der Regelung des § 18 Abs. 3 RPflG der gesetzgeberische Missstand der mangelnden Anfechtungsmöglichkeit insolvenzgerichtlicher Entscheidungen behoben werden[421], wobei aber verkannt wird, dass die eigentliche Problematik darin liegt, dass die Gläubiger sich nicht gegen die Entscheidungen des Insolvenzrichters wehren können, wenn dieser dem Antrag auf eine Neufestsetzung nicht nachkommt.

II. Aufgaben

Die Aufgaben des Insolvenzgerichts variieren und müssen daher für die jeweiligen Phasen des Verfahrens näher betrachtet werden.[422]

1. Vor Eröffnung des Verfahrens

Vor Eröffnung des Verfahrens steht die Person des Insolvenzschuldners noch stärker im Fokus der gerichtlichen Prüfung, als es später der Fall ist. Dies erklärt sich leicht. Wird beispielsweise ein Verfahren über das Vermögen eines Schuldners unberechtigt eröffnet, so wäre der Schuldner spätestens mit Bekanntgabe der Eröffnung wirklich insolvent, weil jeder Gläubiger aus Sorge um sein Geld seine ausstehenden Verbindlichkeiten sofort verlangen würde. Es muss also

418 *Wolf*, ZZP 1999, 361, 364.

419 *Holzer*, Die Entscheidungsträger im Insolvenzverfahren, Rn. 15 ff.

420 *Smid*, Handbuch Insolvenzrecht, § 30 Rn. 29.

421 BGH, Beschl. v. 23.10.2008 – IX ZB 235/06, zum Zweck der Änderungsbefugnis siehe auch: *Vortmann*, in: Pape/Gundlach/Vortmann, Rn. 256.

422 Eine ausführliche Darstellung der normierten Aufgaben des Insolvenzgerichts bei *Gerloff*, Funktionen und Aufgaben des Insolvenzgerichts, S. 16 ff.

gründlich geprüft werden, ob die Voraussetzungen für eine Verfahrenseröffnung überhaupt vorliegen. Dazu ist u. a erforderlich, dass die Vermögensverhältnisse des Schuldners ermittelt werden.[423] Die Intensität des Grundrechtseingriffs, der durch die Verfahrenseröffnung erfolgt, erklärt, warum in diesem Stadium allein das Insolvenzgericht entscheiden muss. Konsequenterweise liegt funktionell die Zuständigkeit in dieser Verfahrensphase beim Richter, § 18 Abs. 1 Nr. 1 RPflG.[424]

2. Nach Eröffnung des Verfahrens

Nach Eröffnung des Verfahrens kommen dem Gericht überwiegend eine verfahrensleitende sowie eine kontrollierende Aufgabe zu. Insbesondere die Aufsicht über den Insolvenzverwalter gemäß § 58 InsO ist zu nennen. Hier kommt der Grundsatz zum Tragen, dass der Staat, wenn er eine Person bestellt, die fremdes Vermögen verwalten soll, diese auch überwacht,[425] Die Funktion des Gerichtes wird daher auch als „*Hüter der Rechtsmäßigkeit des Verfahrens*" beschrieben.[426]

Somit erklärt sich beispielsweise auch die Rolle des Insolvenzgerichts bei der Stimmrechtsvergabe an die einzelnen Gläubiger, deren Forderungen bestritten wurden. Erst wenn keine Einigung durch die Gläubiger erzielt werden konnte, greift § 77 Abs. 2. S. 1 InsO ein, der das Gericht über das Stimmrecht entscheiden lässt. Die inhaltlichen Fragen werden jedoch von den Gläubigern getroffen, wie sich besonders an den Regelungen von § 57 und § 157 InsO zeigt.[427]

3. Gerichtliche Kompetenz

Nicht ganz unproblematisch ist die Frage, ob die Insolvenzgerichte überhaupt die nötige Kompetenz in Hinblick auf wirtschaftliche Sachfragen des Verfahrens besitzen. Dies ist nicht immer als Vorwurf gemeint, sondern kann sogar ein Einwand aus den eigenen Reihen darstellen.

Schon in den Motiven zur Konkursordnung findet sich ein solcher Hinweis. Darin beklagen sich die Gerichte über die ihnen „*zugemutete Verantwortlichkeit auf einem Gebiet, auf dem sie der erforderlichen Kenntnisse und Erfahrungen meistenteils entbehren*".[428]

---

423 *Gerloff*, Funktionen und Aufgaben des Insolvenzgerichts, S. 16.
424 *Franke/Burger*, NZI 2001, 403.
425 *Uhlenbruck*, in: Uhlenbruck, InsO, § 58 Rn. 1.
426 Allg. Begr. RegE, BT-Drucks. 12/2443, S. 79.
427 Vgl. Einleitung.
428 Motive zur Konkursordnung, RT-Drucks. Nr. 200 II Session 1874, S. 309.

Der Gesetzgeber der Konkursordnung ging generell davon aus, dass die Gläubiger über eine größere Sachkompetenz verfügten als die Richter.[429] Die Existenz der gesetzlich gewährten Gläubigerautonomie ist Beleg dieser Ansicht. In Bezug auf die Tätigkeit der Insolvenzgerichte ist die Konsequenz daraus, die reine formalistische Abhandlung der erforderlichen Geschäfte.[430] Es wurden der Nachweis der besonderen Kompetenz der Insolvenzrichter und die Zentralisierung der Gerichte gefordert.[431] Der Bundesrat lehnte dies ab. U. a. heißt es in seiner Stellungnahme:

> „*Eine gleichlaufende Zuständigkeitsregelung ohne Öffnungsklausel in allen Ländern schwächt den föderalen Wettbewerb um die effizienteste Gerichtsstruktur im Insolvenzbereich und widerspricht dem Anspruch einer bürgerfreundlichen Justiz.*“[432]

4. Position des Richter als rechtsprechendes Organ

In Bezug auf die allgemeine richterliche Tätigkeit lässt sich sagen, dass der Richter sein Urteil fällt, so wie Recht und Gesetz es von ihm verlangen, er darüber hinaus jedoch kein Interesse verfolgt.[433] Ob diese neutrale Position auch im Insolvenzverfahren gelten kann, ist zu hinterfragen. Neben dem Zweck einer höchstmöglichen Befriedigung der Gläubiger kann auch die Sanierung eines Unternehmens, Ziel des Verfahrens sein.[434] Konkret stellt sich somit die Frage, ob der Richter im Insolvenzverfahren auch für einen gewissen sozialen Ausgleich sorgen muss – dies nicht zuletzt, um Arbeitsplätze zu erhalten. Der Richter kann in solch einer Situation nicht als völlig neutrale Figur agieren. Eine solche Haltung ist mit den Zielen des Insolvenzverfahrens überhaupt nicht vereinbar. Der Richter hat an dieser Stelle situationsbedingt eine gewisse strukturelle Parteilichkeit.

III. Funktion der jeweiligen Tätigkeit

Die Unterscheidung zwischen Rechtsprechung und Verwaltung lässt sich nicht plakativ vornehmen, indem man unterscheidet, ob ein Richter oder ein Organ der Verwaltung zur Aufgabenbewältigung tätig wird.[435] Die Grenze muss

---

429 Motive zur Konkursordnung, RT-Drucks. Nr. 200 II Session 1874, S. 309; vgl. auch *Weber*, KTS 1959, S. 86 f.

430 Motive zur Konkursordnung, RT-Drucks. Nr. 200 II Session 1874, S. 309.

431 BT-Drucks. 17/7511, S. 2.

432 BR-Drucks. 127/11.

433 *Smid*, Rechtsprechung, S. 12.

434 Vgl. § 1 InsO.

435 *Smid*, Rechtsprechung, S. 2.

auf funktionaler Ebene getroffen werden. So stellt sich die Frage, ob ein Richter „Recht spricht“, wenn er Entscheidungen über einzelne Fragen des Verlaufs im Insolvenzverfahren trifft oder ob er lediglich Hilfestellung leistet und somit eine schnelle Verfahrensabwicklung gewährleistet. Dies ist hier der Fall, denn dem Insolvenzgericht kommt eine Kontrollfunktion zu.[436]

IV. Keine streitenden Parteien im Insolvenzverfahren

Die gerichtliche Stimmrechtsfestsetzung verdeutlicht die Stellung der Beteiligten im Verfahren. Das Gericht entscheidet erst, wenn die Beteiligten nicht zu einer Entscheidung gekommen sind. Hierin könnte ein klassischer Fall der streitenden Gerichtsbarkeit in Form eines summarischen Verfahrens liegen. Wenn es jedoch nicht zur Eröffnung des Insolvenzverfahrens gekommen wäre, sondern die einzelnen Gläubiger jeweils ihre Forderungen geltend gemacht hätten, wären sich unter Umständen Gläubiger und Schuldner als streitende Parteien vor Gericht begegnet, nicht aber die Gläubiger untereinander. Das Insolvenzverfahren schafft also gewissermaßen neue „Gegner“, welche aber nicht streiten, ob der eine einen berechtigten Anspruch gegen den anderen hat, sondern ob jeweils Ansprüche gegen den gemeinsamen Schuldner bestehen. Das Insolvenzverfahren kann also nicht als „klassisches“ streitiges Verfahren angenommen werden. Es bildet eine eigene Art von gerichtlichem Verfahren.

V. Gläubigerautonomie vs. Richtermacht

Auch wenn man sich zunächst „unbefangen“ den stimmrechtlichen Problemstellungen nähert, könnte sich der Gedanke aufdrängen, dass die (vermeintlich) dominante Stellung des Insolvenzgerichts innerhalb des Verfahrens dem (grundrechtlichen) Rang, der eigentlich den Gläubigern zusteht, im Wege steht.

1. „Entmündigung“ des Gläubigers

Es ließe sich also folgende Hypothese aufstellen:

Die Einflussmöglichkeiten des Insolvenzgerichts auf den Gang des Verfahrens stehen im Widerspruch zur eigentlich vorherrschenden Gläubigerautonomie und sind somit unverhältnismäßig.

436 Vgl. *Uhlenbruck*, in: Festschrift für Fischer, S. 510.

2. Notwendige „Richtermacht"

Es könnte sich aus Sicht des Insolvenzgerichts, des Verwalters und schlussendlich auch aus Sicht der Öffentlichkeit jedoch auch ein ganz anderes Bild abzeichnen. So dürfte es unter gewissen Umständen durchaus verhältnismäßig und vielleicht auch notwendig sein, dass das Insolvenzgericht zum beträchtlichen Teil die Geschicke des Verfahrens lenkt. Man muss sich nur die Fragen stellen, ob die Gläubiger überhaupt in der Lage sind, weitgreifende Entscheidungen innerhalb des Verfahrens zu treffen und ob sie überhaupt immer willens sind, sich mit dieser zeitraubenden Angelegenheit zu befassen, wenn zu erwarten ist, dass der (finanzielle) Nutzen vergleichsweise gering[437] ausfallen dürfte.

Es ließe sich also folgende Antithese aufstellen:

Die Einflussmöglichkeit des Insolvenzgerichts auf das Insolvenzverfahrens ist notwendig und damit verhältnismäßig, um einer Gläubigerüberforderung zuvorzukommen und so das Verfahrensziel – die bestmögliche Befriedigung aller Gläubiger – zu erreichen.

3. Klare Rollenverteilung

Jaeger stellte schon 1932 in seinem Lehrbuch die beiden Systeme – Gläubigerautonomie und Richtermacht – gegenüber.

So führte er aus:

> *„Zur Erreichung des Konkurszwecks haben sich im Laufe der geschichtlichen Entwicklung zwei verschiedene Systeme ausgebildet: das eine betraut mit dieser Aufgabe von Staats wegen das Gericht, dessen Maßnahmen die Beteiligten sich zu fügen haben, das andere gesteht des Beteiligten in engeren oder weiteren Grenzen Selbstverwaltung zu."*[438]

Smid verdeutlicht diesen Machtkampf der „Gegner" durch die Formulierung: *Gläubigerautonomie vs. Richtermacht.*[439] Obwohl dieselben Ziele verfolgend, scheint es zuweilen so, als lasse sich kein für beiden Seiten befriedigender Kompromiss finden. Gläubigerautonomie und Richtermacht sind gewissermaßen Antipoden, d. h., wenn der einen Seite Befugnisse eingeräumt werden, dann gerade zum Zwecke, sie aus dem Kompetenzkatalog der anderen auszuklammern. Dabei ist die Verteilung klar: Die Gläubiger verwalten das Verfahren inhaltlich autonom. Dem Insolvenzgericht kommen eine äußere Verfahrensleitungskompetenz sowie eine Kotrollaufgabe zu.

---

437 Vgl. etwa *Ehricke*, NZI 2000, 57 f.

438 *Jaeger*, Lehrbuch des Deutschen Konkursrechts, S. 9.

439 Vgl. *Smid*, Handbuch Insolvenzrecht, § 30 Rn. 14.

D. Insolvenzverfahren als Teil der freiwilligen Gerichtsbarkeit

I. Unterscheidung zwischen materieller Aufgabe des Insolvenzrechts und verfahrensrechtlichem Rahmen

Das Insolvenzverfahren kann nicht ohne weiteres im Rahmen der gesamten Rechtsordnung klassifiziert werden. Es muss zwischen dem materiellen und formellen Bereich unterschieden werden. Es lässt sich zwar sofort feststellen, dass das Insolvenzverfahren materiell gesehen ein Haftungsrecht darstellt[440], aber die Art des Verfahrens ist damit noch nicht geklärt. Ein umfassendes Verständnis des materiellen Rechts lässt sich aber nicht ohne Wissen um die Verfahrensart erlangen. Hieraus lassen sich auch Erkenntnisse über die Einordnung der richterlichen Tätigkeit innerhalb des Insolvenzverfahrens gewinnen. Von entscheidender Bedeutung für die Klärung einer Vielzahl von insolvenzrechtlichen Problemen ist die Einordung des Insolvenzverfahrens in das nichtstreitige Gerichtsverfahren der freiwilligen Gerichtsbarkeit. Das Insolvenzverfahrensrecht lässt sich als die Summe aller Rechtssätze kennzeichnen, die dazu beitragen, beim wirtschaftlichen Zusammenbruch eines Schuldners die subjektiven Rechte der Berechtigten zu schützen.[441] Die Insolvenzordnung reicht allein nicht. Es muss auf Teile der ZPO und des BGB zurückgegriffen werden. Darüber hinaus gibt es bestimmte Grundsätze, die als Auslegungshilfen herangezogen werden.[442] So kann auch der Schuldner selbst tätig werden, indem er einen Eigenantrag stellt. Die rechtliche Einordung des Insolvenzverfahrens gestaltet sich ausgesprochen schwierig.[443] Darüber hinaus kann die Sanierung von Unternehmen aktiv zum Erhalt von Arbeitsplätzen beitragen. Vor diesem Hintergrund liegt es nahe, sich die Frage zu stellen, ob ein Verwaltungsverfahren diesen Interessen eher gerecht werden könnte, da der Staat eine verfahrensprägendere Rolle einnehmen könnte. Dies stünde aber im Widerspruch zur Ausgangslage des Insolvenzverfahrens. Ursprünglich ging es um ein Rechtsverhältnis zwischen Gläubiger und Schuldner, welches sich erst durch den finanziellen Bankrott des Schuldners in ein mehrpoliges Verhältnis wandelte. Der Staat wurde erst mit Insolvenzantrag aktiv. Übertrüge man dem Staat im Verfahren eine stark gestaltende Funktion, würden die Gläubiger gewissermaßen ihrer Befugnisse,

---

440 Insolvenzrecht ist Haftungsrecht, Allg. Begr. zum RegE-InsO, A.4.a.cc., BT-Drucks. 12/2443, S. 83; *Henckel*, in: Festschrift für Weber, 1975, 224.

441 *Häsemeyer*, S1. Kap. Rn. 1.01.

442 Zu den Verfahrensprinzipien des Insolvenzverfahrens vgl. *Reischl*, § 1 IV.

443 Vgl. eine entsprechende Problematik bei der Einzelvollstreckung: *Gaul*, RPfleger 1971, 1 ff., 41 ff., 81 ff.

die aus dem Forderungsrecht resultieren, beraubt. In solchen Konstellationen ist keine gestaltende, sondern eine *rechtsfürsorgende* Tätigkeit des Staats nötig. Diese Form der Unterstützung wird vom Staat im Rahmen der freiwilligen Gerichtsbarkeit geleistet. Es ist also keine Abgrenzung zwischen Zivilverfahren und Verwaltungsverfahren, sondern zwischen streitiger und freiwilliger Gerichtsbarkeit vorzunehmen.

II. Unter der Konkursordnung

Der Verweis des § 72 KO, der dem heutigen § 4 InsO entspricht, wurde als Zuweisung des Konkurses zur streitigen Gerichtsbarkeit interpretiert.[444] Die Struktur des Verfahrens und die zugeteilten Aufgaben des Konkursgerichtes weisen indes in eine andere Richtung. Mit Schaffung der Konkursordnung von 1877 wurde der sog. „*vis attractiva concursus*" eine deutliche Absage erteilt.[445]

Nach diesem Prinzip hätten alle mit dem Konkurs im Zusammenhang stehenden und nicht schon anhängigen Prozesse vom Konkursgericht entschieden werden müssen.[446] Es sollte aber ein flexibles Verfahren geschaffen werden, welches ohne Rücksicht auf den Ausgang einzelner Prozesse zu Ende geführt werden konnte.[447]

III. Im Rahmen der Gesamtvollstreckung

Vielfach wird das Insolvenzverfahren als Gesamtvollstreckungsverfahren gekennzeichnet, das im Gegensatz zur Einzelvollstreckung nach ZPO und GVG nicht nur den einzelnen Anspruch eines Gläubigers verfolgt, sondern die Ansprüche aller Gläubiger bestmöglich befriedigen will.[448] Diese Unterscheidung zwischen Einzel- und Gesamtvollstreckung ist aber nicht ausreichend, um die Komplexität des Insolvenzverfahrens zu erfassen.

IV. Besonderheiten der freiwilligen Gerichtsbarkeit

1. Sinn und Zweck der freiwilligen Gerichtsbarkeit

Fraglich ist der Sinn und Zweck der Zuweisung von Aufgaben an die freiwillige Gerichtsbarkeit. Man könnte zunächst an die besonderen Bedürfnisse dieser

---

444 Vgl. *Klinker/Karsten Schmidt*, § 72 KO; *Eickmann/Mohn*, S. 1 Rn. 1.
445 *Häsemeyer*, 2. Kap. Rn. 2.10.
446 *Weber*, in: Jaeger, KO, Vorbem. Vor. § 71 Rn. 5c.
447 *Häsemeyer*, 2. Kap. Rn. 2.10.
448 *Becker*, Insolvenzrecht, § 1 Rn. 10.

Aufgaben anknüpfen. So sollen Entscheidungen auf der Ebene der freiwilligen Gerichtsbarkeit keine endgültige Entscheidung herbeiführen, sondern die gegenwärtige Rechtslage verbessern.[449] Man könnte aber auch ergebnisorientiert argumentieren, dass ein rechtspolitisches Interesse besteht, in gewissen Verfahren unanfechtbare Entscheidungen herbeizuführen.[450]

2. Geltung für das Insolvenzverfahren

Die entscheidende Frage lautet, wo das Insolvenzverfahren in die Zivilgerichtsbarkeit einzuordnen ist. Es erscheint sogar zweifelhaft, ob eine genaue Zuordnung überhaupt möglich ist oder ob das Insolvenzverfahren gar eine Sonderstellung einnimmt. Schon unter der Konkursordnung war es streitig, ob das Verfahren als ein streitiges Verfahren oder als Teil der freiwilligen Gerichtsbarkeit zu qualifizieren sei.[451]

Man könnte vielleicht sogar so weit gehen und vermuten, es handele sich beim Insolvenzverfahren um eine Art Mischform zwischen streitiger und freiwilliger Gerichtsbarkeit.[452] Man darf jedoch nicht den Fehler begehen und das Insolvenzverfahren in der *Praxis* als streitiges Verfahren betrachten und den Streit über die Einordung in das zivilgerichtliche System als einen Streit von rein rechtstheoretischer Natur einordnen. Die Auffassung verkennt, dass die Einordnung in das System zwischen streitiger und freiwilliger Gerichtsbarkeit von enormer Bedeutung ist, wenn es um die Frage der Qualität der jeweiligen insolvenzgerichtlichen Entscheidungen geht. Die Besonderheiten der freiwilligen Gerichtsbarkeit, die rechtfürsorgend für die Beteiligten günstige Voraussetzungen schaffen soll, aber nicht abschließend eine Rechtstreitigkeit entscheiden soll, ebnen den argumentativen Weg für die Notwendigkeit der Anfechtungsmöglichkeit auch von einem Insolvenzrichter getroffener Entscheidungen. Die Herabstufung der Einordnung des Insolvenzverfahrens als rechtstheoretischen Streit lässt dann ebenfalls keinen Raum, sich dem Problem der mangelnden Anfechtbarkeit richterlicher Entscheidungen geeignet zu nähern und analytisch mit ihnen auseinanderzusetzen. Insgesamt werden jedoch in diesem Zusammenhang die unterschiedlichsten Auffassungen vertreten. So wird teilweise von einer Sonderstellung des Insolvenzverfahrens gesprochen.[453] Häufig wird in der Literatur aber auch nur darauf hingewiesen,

---

449 *Brehm*, § 9 Rn. 25 m. w. N.
450 *Smid*, Rechtsprechung, S. 1 et passim.
451 *Pape/Uhlenbruck*, Kap. 7 Rn. 32.
452 *Dies.*, Kap. 7 Rn. 32 ff. m. w. N.
453 *Prütting*, in: Kölner Schrift zur Insolvenzordnung, S. 221, Rn. 1.

dass es sowohl mit der streitigen als auch der freiwilligen Gerichtsbarkeit Annäherungspunkte gebe, ohne dass eine genaue Einordnung erfolgt.[454]

Es wird zum Teil aber auch verneint, dass die rechtsfürsorgerische Funktion des Verfahrens dieses zum Teil der freiwilligen Gerichtsbarkeit klassifiziere.[455] Es handele sich im Gegenteil um ein „quasistreitiges Verfahren".[456] Durch dieses Schlagwort wird angedeutet, dass es sich um ein Verfahren zwischen dem antragstellenden Gläubiger und dem Schuldner handelt.[457] Der streitähnliche Charakter ist aber nicht im Verlauf des gesamten Verfahrens erkennbar, sondern allenfalls bei der Vorprüfung eines Gläubigerantrags.[458] Ist diese abgeschlossen, beginnt auch bei einem durch einen Gläubigerantrag initiierten Verfahren eine Amtsermittlung.[459] Teilweise wird die Meinung vertreten, dass der Gesetzgeber das Insolvenzverfahren durch den Verweis des § 4 InsO der Anwendbarkeit der Zivilprozessordnung unterworfen und damit zugleich die Klärung der Frage, ob das Verfahren der freiwilligen Gerichtsbarkeit zuzuordnen sei, herbeigeführt habe.[460] Fraglich ist, ob dieser Schluss so einfach gezogen werden kann oder übereilt ist. Die Auslegung dieser Vorschrift bedarf einer differenzierten und zweckorientierten Untersuchung.[461] Schon der Wortlaut des Verweises selbst lässt erkennen, dass die Zivilprozessordnung nicht durchgängig für das Insolvenzverfahren gelten kann, denn diese wird nur insoweit für anwendbar erklärt, als die Insolvenzordnung nicht selbst ein anderes vorschreibt. Es wird also wieder die Besonderheit des Insolvenzverfahren deutlich.

Letztlich finden sich im Insolvenzverfahren Elemente der streitigen und der freiwilligen Gerichtsbarkeit. Das Insolvenzverfahren ist aber kein Zwei-Parteien-Prozess, sondern Vermögensabwicklung eines Schuldners in Bezug auf seine Gläubiger.[462] So ist auch die Verfahrenseröffnung ohne Zustellung des Eröffnungsantrages möglich (nicht aber die zivilrechtliche Verurteilung); und soweit das Gericht vom Amts wegen gehandelt hat, gibt es keine Dispositionsmaxime und keine Prozessanträge.[463]

454 Vgl. *Foerste*, § 5 InsO Rn. 40.
455 *Haarmeyer/Wutzke/Förster*, Handbuch zur Insolvenzordnung, S. 65.
456 *Haarmeyer/Wutzke/Förster*, Handbuch zur Insolvenzordnung, S. 65.
457 *Pape*, Gläubigerbeteiligung, S. 47 Rn. 145.
458 *Pape*, ebenda.
459 *Pape*, ebenda.
460 *Bork*, § 6, Rn. 46.
461 *Henckel*, ZIP 2000, 2045, 2046 f.
462 *Smid*, InsO, § 4 Rn. 6.
463 Vgl. *Smid*, DZWIR 2004, S. 363.

3. Höchstrichterliche Entscheidungen

Das Bundesverfassungsgericht hat in seinem Beschluss vom 03.08.2004 klargestellt, dass die gerichtliche Entscheidung im Verfahren zur Insolvenzverwaltervorauswahl kein Akt der Rechtsprechung sei.[464] Es wird darauf hingewiesen, das Gericht sei in dem Fall als öffentliche Gewalt i. S. v. Art. 19 IV GG einzuordnen, wenn es außerhalb seiner spruchrichterlichen Tätigkeit aufgrund eines ausdrücklichen Richtervorbehalts handele.[465] Es wird unterschieden zwischen Rechtsprechung im materiellen und solcher im funktionellen Sinne.[466] Sind hoheitliche Befugnisse schon durch die Verfassung dem Richter zugewiesen oder gehören dem traditionellem Kern der Rechtsprechung an, handelt es sich um Rechtsprechung im materiellen Sinne.[467]

Sieht der Gesetzgeber ein gerichtsförmiges Verfahren zur Streitbeilegung vor, liegt im funktionellen Sinne ein Akt der Rechtsprechung vor.[468] Sowohl das eröffnete Verfahren als auch das Eröffnungsverfahren wurden vom IX. Zivilsenat des BGH als verwaltende Tätigkeit der Zivilgerichte und damit der freiwilligen Gerichtsbarkeit zugeordnet bzw. als dieser strukturell entsprechend eingestuft.[469]

4. Kapitel: Stimmrechte als notwendige Konsequenz der Gläubigerautonomie

A. Gläubigerautonomie allgemein

I. Grundlagen

Die Entscheidungsgewalt der Gläubiger wird zusammenfassend als Gläubigerautonomie bezeichnet, durch welche das Insolvenzverfahren maßgeblich strukturell geprägt ist.[470] Im Gegensatz zu anderen Staaten prägt die Gläubigerautonomie

---

464 BVerfG, Beschl. v. 03.08.2004 – 1 BvR 135/00 und 1 BvR 1086/01, DZWIR 2004, 370.

465 Vgl. BVerfGE 107, 395, 406.

466 BVerfG, Beschl. v. 03.08.2004 – 1 BvR 135/00 und 1 BvR 1086/01, DZWIR 2004, 370.

467 BVerfG, Beschl. v. 03.08.2004 – 1 BvR 135/00 und 1 BvR 1086/01, DZWIR 2004, 370.

468 BVerfG, Beschl. v. 03.08.2004 – 1 BvR 135/00 und 1 BvR 1086/01, DZWIR 2004, 370.

469 BGH, Beschl. v. 04.03.2004 – IX ZB 133/03 – ZIP 2004, 915; So schon *Jaeger*, Lehrbuch des Deutschen Konkursrechts, S. 164.

470 Zur Entwicklung des Konkursrechts seit Inkrafttreten der Konkursordnung unter dem Aspekt der Gläubigerautonomie, S. 13; so auch *Prütting*, Die Abwahl des

entscheidend die Struktur des deutschen Insolvenzrechts[471]. Hier sei insbesondere Frankreich als Bespiel genannt. Dort herrscht ein sog. „etatistisches" (État, franz. für Staat) Modell, d. h., Gläubigerinteressen treten klar hinter wirtschaftliche Interessen zurück.[472]

In Deutschland wird den Gläubigern eine „mündige" Rolle zugestanden, die nicht in einer rein passiven Erwartungshaltung stranden soll. Diese Rolle wurde von den Gläubigern auch gefordert. Schon in den Materialien zur Konkursordnung wird berichtet, dass die Gläubiger sich zu Recht über eine „*Zurücksetzung und Bevormundung*" durch die Gerichte beschwerten.[473] Inwieweit alle Gläubiger diese Rolle auch ausfüllen wollen und können, ist fraglich, jedoch zunächst als ein Strukturmerkmal des deutschen Insolvenzrechtes zu akzeptieren.[474] Zum Schutze *aller* Gläubiger sind jedoch auch der Gläubigerautonomie selbst zuweilen Grenzen gesetzt, die zwar als solche nicht ausdrücklich im Gesetz genannt, aber trotzdem deutlich erkennbar sind. Als Beispiel sei § 251 Abs. 1 Nr. 2 InsO genannt: Danach darf durch den Plan kein Gläubiger schlechter gestellt werden, als er ohne Plan stünde.

Riedemann merkt zu Recht an, dass man in der Literatur selten eine nähere Erläuterung finde, was nun genau unter Gläubigerautonomie zu verstehen sei.[475] Gläubigerautonomie wird häufig als zu selbstverständlich vorausgesetzt oder – genau ins Gegenteil verkehrt – als nicht praktikabel in der insolvenzrechtlichen Realität zurückgewiesen. Ausführlich wird sich aber nur selten mit ihr beschäftigt.[476] Wörtlich übersetzt heißt das altgriechische *αύτονομία* „sich selbst Gesetze gebend".[477] Autonomie bezeichnet also einen Zustand der Unabhängigkeit und Selbstverwaltung. Konkret auf das Insolvenzverfahren bezogen bedeutet dies,

Insolvenzverwalters: Von der Gläubigerautonomie zur Groß-Gläubigerautonomie, in: Insolvenzrecht 2000, 29, 34.

471 Vgl. Fn. 1.

472 *Smid*, Handbuch Insolvenzrecht, § 1 Rn. 16 m. w. N.

473 *Hahn/Mugdan*, Gesamte Materialien zu den Reichsjustizgesetzen, S. 283.

474 Siehe Fn. 13.

475 M. w. N. *Riedemann*, S. 13.

476 Um hiervon nur einige Ausnahmen zu nennen: *Hegemanns*, Der Gläubigerausschuß, Eine Untersuchung zum Selbstverwaltungsrecht der Gläubiger im Konkurs, passim; *Riedemann* Zur Entwicklung des Konkursrechts seit Inkrafttreten der Konkursordnung unter dem Aspekt der Gläubigerautonomie; *Hänel*, Gläubigerautonomie und das Insolvenzplanverfahren, passim.

477 *Gemoll*, S. 141, zum Begriff der Autonomie auch die ausführliche Darstellung bei *Hänel*, S. 19.

dass alle maßgeblichen Entscheidungen von den Gläubigern getroffen und nicht vom Gericht oktroyiert werden.[478]

II. Gläubigerautonomie als Teil der Privatautonomie

Die Privatautonomie ist im Grundgesetz durch Art. 2 Abs. 1 GG verankert und Bestandteil der allgemeinen Handlungsfreiheit.[479] *Flume* nennt dies das „*Prinzip der Selbstgestaltung der Rechtsverhältnisse durch den einzelnen nach seinem Willen*".[480]

Dem Individuum wird somit die Freiheit gewährt, sich im Rechtsverkehr nach seinen Vorstellungen zu bewegen, solange dadurch die Rechte anderer nicht verletzt werden. Umfassend wird der Einzelne seine *eigenen Gesetze* aber nicht ausleben können, da er Teil einer übergeordneten Rechtsordnung ist. Entscheidend für die Definition der Privatautonomie sind also die ihr gesetzten Grenzen.

Hänel schreibt in diesem Zusammenhang, dass „die Rechtsordnung somit den Bereich der Möglichkeiten privatautonomen Handelns definiert".[481] Die Privatautonomie existiert sowohl im materiellen als auch im formellen Recht.[482] Eine Differenzierung würde an dieser Stelle jedweder Grundlage entbehren. Die Besonderheit der Gläubigerautonomie liegt jedoch in der Zusammenfassung der Gläubiger im Verfahren der Gesamtvollstreckung.

So beschränken in diesem Zusammenhang nicht nur die Gesetze die Privatautonomie, sondern zusätzlich erfährt sie durch das Kollektiv eine Einschränkung. Es muss zunächst ein Konsens gefunden werden, bevor autonom gehandelt werden kann.

Ähnlich verhält es sich mit der Ausübung der demokratischen Rechte. Die Gemeinschaft fällt – grob gesagt – als Kollektiv eine Mehrheitsentscheidung, wer als Gesetzgeber fungiert. In diesem Rahmen kann die Privatautonomie schließlich ausgelebt werden. Zwar ist hier quasi ein Akt der Privatautonomie durch die Wahl der Volksvertreter vorgeschaltet, diesen findet man jedoch auch im Insolvenzverfahren.

---

478 *Neumann*, S. 11.

479 *Rüffert*, S. 338.

480 *Flume*, Das Rechtsgeschäft, S. 1; *Hänel* bedient sich u. a. auch des Zitates von *Flume* und beschreibt dies lediglich als „*Definitionsversuche*", Gläubigerautonomie und das Insolvenzplanverfahren, S. 21 f.

481 *Hänel*, Gläubigerautonomie und Insolvenzplanverfahren, S. 22 f.

482 *Ders.*, S. 31.

So unterliegt es auch der Privatautonomie des Einzelnen, mit dem Schuldner Verträge geschlossen zu haben, die letztlich zu der Gläubigereigenschaft geführt haben. Die Gläubigerautonomie ist also als eine besondere Spielart der Privatautonomie zu betrachten.

III. Gläubigerautonomie als „Ideologie des Staates"

An der Rollenverteilung innerhalb des Insolvenzverfahrens lässt sich ein Stück weit das gerade herrschende politische Klima ablesen.

Diesen Schluss zieht in gewisser Weise auch *Heidland* und kommt so zu einem recht ernüchternden Ergebnis:

> *„Mehr Deregulierung, mehr Gläubigerautonomie oder stärkere Eingriffsmöglichkeiten des Insolvenzgerichts und freiere Stellung des Insolvenzverwalters – das sind Fragen der ‚Philosophie' des Insolvenzrechts oder der ‚Ideologie', mit welcher man an die Schaffung des Gesetzes herangegangen ist. Was richtiger ist – wird sich nie erweisen lassen."*[483]

Es lässt sich auch nicht von der Hand weisen, dass das jeweilige Selbstverständnis des Staates und seiner Bürger Einfluss darauf hat, wie man die Rolle eines Gläubigers sieht, dessen Vermögen durch die Insolvenz des Schuldners gefährdet ist. Besonders eindrucksvoll und auch gleichermaßen fast logisch erscheint die Gläubigerstellung in der NS-Zeit. Hier wird der Gläubigerschaft meist eine mangelnde Sachkunde attestiert, um ein Konkursverfahren eigenverantwortlich abzuwickeln.[484]

Schumann hingegen hielt trotzdem am Prinzip der Gläubigerautonomie fest: *„Es handelt sich in der Konkursmasse – und dieser Tatsache kommt wesentliche Bedeutung bei! – wirtschaftlich betrachtet um Vermögen der beteiligten Gläubiger: ihre Interessen stehen auf dem Spiel, und deshalb haben sie ein unbestreitbares Recht auf eine Interessenvertretung.*[485] Wie *Schumann* jedoch nach dem Verständnis jener Zeit angemessen zu Recht bemerkt, könne das Führerprinzip nicht greifen, wenn es zwei Führer, Gericht und Verwalter, gäbe.[486]

---

483 Die Rechtsstellung und Aufgaben des Gläubigerausschusses als Organ der Gläubigerselbstverwaltung in der Insolvenzordnung in: Kölner Schrift zur InsO, Kap. 11, 741.

484 *Höver*, Zur Rechtserneuerung im Konkursverfahren, Deutsche Justiz, Rechtspflege und Rechtspolitik, Amtliches Blatt der deutschen Rechtspflege 1935, 513, 516.

485 Gedanken über eine Reform der Konkursordnung, Deutsche Justiz, Rechtspflege und Rechtspolitik, Amtliches Blatt der deutschen Rechtspflege 1935, 1210, 1214.

486 Ebenda.

Ganz dem Irrglauben jener Zeit geschuldet, wurde die passive Rolle der Gläubiger mit dem Führerprinzip begründet.[487] So musste nach dem damaligen Verständnis zwangsläufig die Entwicklung zum autoritären Führerstaat auch die Erweiterung der Entscheidungsmacht des Gerichts im Konkursverfahren nach sich ziehen.[488] Das Verhältnis zwischen Gläubiger und Staat im Insolvenzverfahren ist somit durch die Ideologie des jeweiligen Staates geprägt. Dennoch ist es möglich, dass sich Argumente für und gegen den jeweiligen Pendelausschlag finden, ohne dass jene ideologisch oder politisch gefärbt sind.[489]

B. Wechselwirkung zwischen Gläubigerbefugnissen und Auswirkungen für den Schuldner

Als Zentralnorm beschreibt § 80 InsO, welche Konsequenzen die Insolvenz für den Schuldner hat. So verliert dieser die Verwaltungs- und Verfügungsbefugnis über sein Vermögen. Darüber hinaus empfinden viele Schuldner die vermeintlich „öffentliche Anprangerung“ im Bundesanzeiger als belastend.

Die Gläubiger gewinnen an Macht, der Schuldner verliert sie.

Historisch betrachtet, stellt dies jedoch eine vergleichsweise milde Konsequenz dar, wie folgende Beispiele zeigen:

Im Rom unter Geltung des Zwölftafelgesetzes aus dem Jahre 451 v. Chr. heißt es in der dritten Tafel:

> *„Der Gläubiger soll den Schuldner vor Gericht führen. Erfüllt dieser seine Verpflichtungen nicht, soll ihn der Gläubiger mit sich führen, fesseln, entweder mit einem Strick oder mit Fußfesseln im Gewicht 15 Pfund, nicht mit stärkeren, wenn der Gläubiger aber will, mit leichteren.“* (Gläubigerautonomie und Überwachungsfunktion des Staates lassen sich an dieser Stelle schon erahnen.)[490]

Im Augsburg des 16. Jahrhunderts war ein Verfahren noch mit normierten (!) gesellschaftlichen Ächtungen verbunden:

---

487 *Höver*, Zur Rechtserneuerung im Konkursverfahren, Deutsche Justiz, Rechtspflege und Rechtspolitik, Amtliches Blatt der deutschen Rechtspflege 1935, 513, 515.

488 *Schoan*, Gläubigermacht oder Richtermacht im Konkurs- und Vergleichsverfahren, Deutsche Juristen-Zeitung 1933, 1621.

489 Für die Gläubigerautonomie spricht etwa, dass die, um dessen Interessen es geht, auch die Entscheidungskompetenz besitzen sollten, vgl. Fn. 216. Gegen die Gläubigerautonomie spricht eine mögliche Überforderungssituation der Gläubiger, vgl. Zweiter Teil, 4. Kap., D VI.

490 Vgl. *Uhlenbruck*, DZWIR 1997, S. 1.

„*Wer sich im Konkurs befindet, muß bei den Leichen und Hochzeiten hinten nachgehen und zu den Frauen gesetzt werden oder daheim bleiben, er muß sich des Tragens von Wehr und Waffen bei Strafe der Eisen gänzlich enthalten.*“[491]

C. Anstoß für die Aufnahme von Kreditgeschäften

Die vermehrte Aufnahme von Kreditgeschäften[492], also die Hingabe von Zahlungsmitteln oder anderen Gütern an einen anderen zu dessen sofortiger Verfügung gegen das Versprechen, eine oder mehrere Gegenleistungen binnen einer Frist zu erbringen[493], beruhte vor allem auf der Einführung der Geldwirtschaft.[494] Eigentum war von da ab nicht mehr nur noch durch den Grundbesitz oder Fahrnis dominiert.[495] Es konnte unabhängig davon und somit flexibler erworben werden.[496] Der Vermögenszuwachs Einzelner in Form von Geld war Voraussetzung für die Kreditvergabe an andere.[497] Die Sorge um „verliehenes“ Geld ist jedoch ein natürlicher Reflex des Gläubigers. So könnte der Schuldner versuchen, sich seiner Verantwortung zu entziehen, in dem er flüchtet.[498]

Sehr früh dürfte den Gläubigern damaliger Zeiten auch der Gedanke gekommen sein, dass ihr Geld meist noch (anteilig) beim Schuldner in Form von angeschafften Dingen vorhanden sein könnte.

Diese Werte sind dem Schuldner vermögensrechtlich zuzuordnen und haften als Ersatz. Die folgerichtige Idee einer „Enteignung“ dieser Gegenstände zu eigenen Zwecken lag dann nicht fern. Dass jedoch die tatsächliche Aufteilung dieser Gegenstände oder ihres Erlöses unter den Gläubigern nicht immer zielführend

---

491 Auszug aus der Augsburger Strafordnung von 1571, *Hellmann*, Lehrbuch des deutschen Konkursrechts, Berlin 1907, S. 61.

492 Das Wort Kredit stammt vom lat. „*credere*“, das *glauben, vertrauen* bedeutet.

493 *Hartmann-Wendels/Pfingsten/Weber*, S. 135.

494 In Athen wurde beispielsweise das Münzsystem in Form der Drachme im 6. Jahrhundert v. Chr. eingeführt, *Nikipoulos*, S. 142.

495 Grundbesitz konnte nur derjenige erwerben, der auch das Bürgerrecht besaß, *Szanto*, S. 26.

496 In Griechenland spielten die sog. Seedarlehen eine große Rolle, bei denen Geld für eine Seehandelsreise vorgestreckt und nach Erfolg mit Zinsen zurückerstattet wurde, vgl. vor allem das umfangreiche Werk von *Schuster*, passim.

497 Im Griechenland des 5. Jahrhundert v. Chr. war der Metöke Pasion der bedeutendste athenische Bankier der Antike, der in diesem Geschäft tätig war, siehe etwa *Patzner*, S. 144 ff.

498 Mit der Flucht des Schuldners beschäftigt sich *Streuber* umfassend, in: Die Flucht des Schuldners und die Reaktionstechniken eines Gesamtvollstreckungsrechts: Der fallitus fungitivus als Rechtsproblem, (Titel in Vorbereitung).

sein könnte, ist reine Sache der Vernunft. Aus dem anfänglichen Gedanken der Umkehr der vermögensrechtlichen Zuweisung vom Schuldner auf seine Gläubiger folgt auch eine Umverteilung der Autorität über das Vermögen. Zusammen mit dem Antrieb, sein Geld möglichst zurückzuerhalten, ergibt dies dem Ursprung für das Streben nach Gläubigerautonomie. Die Frage, inwieweit den Gläubigern im Verfahren Selbstverwaltungsrechte eingeräumt werden sollen, ist also kein Thema der neueren Vergangenheit.[499] Folgender kurzer geschichtlicher Abriss soll einen Überblick verschaffen, wann und in welchem Umfang die Gläubigerautonomie schon eine Rolle spielte.

I. Grundgedanke einer Vermögenshaftung und Gläubigerautonomie

1. Römisches Recht

Die Ursprünge des deutschen Insolvenzrechts reichen bis ins römische Recht der Antike hinein.[500] Nach den Zwölftafelgesetzen (um 450 v. Chr.)[501] stand die persönliche Verantwortung des Schuldners im Vordergrund. Dieser haftete mit Ehre, Freiheit, Leib oder auch seinem Leben.[502] Es galt somit das Prinzip der Personalexekution.[503] Nach der Einführung der *venditio bonorum* (Veräußerung des Vermögens)[504] hielt auch das Rechtsinstitut der *missio in bona rei servandae causa* (Beschlagnahme des Vermögens) Einzug in das römische Recht.[505] Bis zur Kaiserzeit wurde jedoch nicht zwischen Einzel- und Gesamtvollstreckung unterschieden.[506] Durch die sog. *lex Iulia de bonis credendis*[507] wurde das Rechtsinstitut der *cessio bonorum*[508] eingeführt.[509]

499 Vgl. dazu die umfassende Arbeit von *Riedemann*, Zur Entwicklung des Konkursrechts seit Inkrafttreten der Konkursordnung unter dem Aspekt der Gläubigerautonomie (Fn. 61).

500 *Meier*, Die Geschichte des deutschen Konkursrechts, insbesondere die Entstehung der Reichskonkursordnung von 1877, S. 3; *Spann*, S. 3 ff.

501 Vgl. *Stracke*, S. 65.

502 *Kaser*, Römisches Privatrecht, S. 383.

503 *Endemann*, ZZP XII (1888), S. 24.

504 Durch Rutilius Rufus im Jahre 105 v. Chr., siehe dazu *Meier*, a. a. O., S. 7.

505 *Meier*, Die Geschichte des deutschen Konkursrechts, insbesondere die Entstehung der Reichskonkursordnung von 1877, S. 7.

506 Vgl. *Seuffert*, ZZP XXIX, S. 542.

507 Zur Frage, wer dieses Gesetz erlassen hat, vgl. *Forster*, Konkurs als Verfahren, S. 90 f.

508 Wörtl.: Die Überlassung des Gutes.

509 *Meier*, Die Geschichte des deutschen Konkursrechts, insbesondere die Entstehung der Reichskonkursordnung von 1877, S. 13.

Darunter versteht man die freiwillige Vermögensabtretung des Schuldners an seine Gläubiger.[510] Der Gläubiger kaufte sich dadurch gewissermaßen von seiner Personalexekution frei und musste „nur“ noch mit seinem Vermögen haften.[511] Die Gläubiger spielten dabei stets eine höchst eigenständige Rolle. Dies erklärt sich aus dem Prinzip der Parteiautonomie, welches das gesamte römische Recht prägte.[512] Der Staat räumte den Bürgern[513] also allgemein einen gewissen Standard an Freiheiten ein, was sich auch in diesem Bereich widerspiegelte.

2. Italienisches Statuarrecht[514]

Als sog. Statuarrecht bezeichnet man die Rechtsquellen, die für die ober- und mittelitalienischen Handelsstädte ab dem 13. Jahrhundert galten.[515] Dort entwickelte sich ein Gesamtvollstreckungsverfahren.[516] Auch hier dominierten die Gläubiger das Verfahren. Die mitwirkenden Richter spielten nur eine untergeordnete Rolle auf der Kontroll- und Unterstützungsebene.[517]

3. Einfluss durch das französische und spanische Recht

Das 1663 erschiene Werk „*Labyrinthus creditorum concurrentium ad item per debitor communem interilos causatam*“ des Spaniers *Salgado de Somoza*[518] besaß für das spätere deutsche Konkursrecht eine gewisse Vorbildfunktion[519], wurde jedoch in neuerer Zeit als unglückliche Wahl angesehen.[520] *Smid* beschreibt das Werk *Salgados* als „*Verkörperung einer insolvenzrechtlichen Gegenwelt*“, die aber „*inhaltlich nicht mehr ausgeleuchtet wird*“.[521]

---

510 *Bauer*, Insolvenzplan, S. 49 f.

511 *Ders.*, S. 50 m. w. N.

512 *Ders.*, S. 53 f.

513 Auf das Innehaben des Bürgerrechts kam es an dieser Stelle entscheidend an, vgl. *Wenger*, in: Kohler/Wenger, S. 156.

514 Zur ausführlichen Darstellung der italienischen Statuarrechte siehe *Meier*, Die Geschichte des deutschen Konkursrechts, insbesondere die Entstehung der Reichskonkursordnung von 1877, S. 19 ff.

515 Vgl. *Weitzle*, in: Theorien kommunaler Ordnung in Europa, S. 176.

516 *Kersting*, S. 10.

517 *Kersting*, ebenda.

518 *Endemann*, ZZP, S. 40.

519 Siehe die detaillierte Aufzählung verschiedener Gesetze, die vom spanischen Recht beeinflusst wurden, *Hess*, S. 26 Rn. 86; *Rechel*, S. 35.

520 Vgl. etwa *Riedemann*, S. 10; a. A. *Forster*, der das Werk *Salgados* durch die Darstellungen im 19. Jahrhundert verzerrt sieht: Konkurs als Verfahren, passim.

521 *Smid*, in: Festschrift für Fischer, S. 494.

Durch den Einfluss *Salgados* wurden die Machtverhältnisse im Vollstreckungsverfahren neu geordnet. Es oblag nun dem Gericht, die Entscheidungen im Verfahren zu treffen.[522]

Unter Ludwig dem XIV und seinem Minister Colbert entstand in Frankreich 1673 das erste Handelsgesetzbuch („ordonnance de commerce").[523] Darin wurde erstmals ein Bewertungsmaßstab in Form des Wertes *„zum Zeitpunkt der Bilanzziehung"* gesetzlich bestimmt.[524]

Erst Mitte des 19. Jahrhundert verlor das formalistische spanische Recht seine Bedeutung und die in dieser Zeit entworfenen Gesetze orientierten sich an dem napoleonischen „code de commerce" von 1807.[525] Dieses Verfahren war von der Gläubigerautonomie geprägt und war somit Ausdruck des aufgeklärten Bürgertums.[526] So werden ganze Passagen aus dem „code de commerce" in das preußische Konkursrecht vom 08.05.1855 übernommen.[527]

4. Preußisches Landrecht

In dem „Churfürstlich Brandenburgischen revidirten Land-Recht des Hertzogthumb's Preussen" von 1685 ging der Gesetzgeber davon aus, dass jeder Gläubiger seinen Titel sich selbst beschaffen müsse, jedoch wurde das Prioritätsprinzip festgelegt.[528] Dieses Gesamtvollstreckungsverfahren setzt erst bei der eigentlichen Vollstreckung ein.[529]

5. Preußische Konkursordnung von 1855

Die Preußische Konkursordnung von 1855 ist der Vorläufer der Reichkonkursordnung.[530]

Neu war u. a. die Einführung des sog. Akkords.[531] In der PreußKO heißt es dazu im § 181 Abs. 1: *„Nach Abhaltung des ersten allgemeinen Prüfungstermins zwischen den Konkursgläubigern und dem Gemeinschuldner soll ein Vergleich zum Zwecke der Wiederaufhebung des Konkurses mit rechtsverbindlicher Kraft für*

---

522 *Baur/Stürner*, S. 12.
523 *Blasius*, S. 10.
524 *Ders.*, ebenda.
525 *Hess*, S. 26 Rn. 89.
526 *Vollmershausen*, Erster Teil, D, II, 3.
527 *Uhlenbruck*, Einhundert Jahre Konkursordnung, S. 12.
528 *Vollmershausen*, S. 58 f.
529 *Dies.* ebenda.
530 *Bauer*, Insolvenzplan, S. 181.
531 *Ders.*, S. 201.

widersprechende und für nicht theilnehmende Gläubiger (Akkord) auf den Antrag des Gemeinschuldners geschlossen werden".

In der Literatur wurde die Rechtsnatur dieses Vergleiches überwiegend als ein privatrechtlicher Vertrag gedeutet.[532] Dieser war jedoch beherrscht von der Obrigkeit, da der herbeigeführte Akkord eher einem Urteil entsprach.[533] Die fehlende Gläubigerautonomie zeigt sich auch deutlich in der Vorschrift des § 197 Abs. 1 PreußKO: „*Der rechtskräftig bestätigte Akkord gilt als Vergleich zwischen dem Gemeinschuldner und allen Konkursgläubigern, die Gläubiger mögen ihre Forderungen im Konkurs angemeldet haben oder nicht, zur Theilnahme an der Beschlussfassung über den Akkord zugezogen sein oder nicht.*"

6. Konkursordnung

Die Konkursordnung wurde immer wieder als „*Perle*" der Reichsjustizgesetze[534] gepriesen. „*Sie entstamme einer großen Zeit und sei von Meisterhand geschaffen*", so beispielweise *Jaeger*.[535]

Die Umsetzung der Gläubigerautonomie wurde nur im Ansatz verwirklicht.[536] Dem frühzeitig vollstreckenden Gläubiger sollten „*die Früchte seiner Wachsamkeit*" zugutekommen, so die Motive des Gesetzgebers der Civilprozeßordnung des neunzehnten Jahrhunderts.[537] Mit den eingesetzten Gläubigerausschüssen sollten die Gläubiger von dem Verfahren ferngehalten werden.[538] So oblag etwa

532 *Happe*, S. 5; *Bauer*, Insolvenzplan, S. 207.

533 *Ders.*, S. 215.

534 Die sog. Reichsjustizgesetze, die am 01.10.1879 in Kraft traten: KO, StPO, ZPO, GVG.

535 *Jaeger*, Fünfzig Jahre Konkursordnung, Deutsche Juristen-Zeitung 1930, 33, 34.

536 So war es auch der Schwerpunkt der Insolvenzrechtsreform von 1999 die Deregulierung des damalig geltenden Rechts: „Gegenüber dem geltenden Recht ist eine Deregulierung des Insolvenzrechts anzustreben. Dies bedeutet nicht nur, dass jede Bevormundung der privaten Beteiligten durch Gericht und Verwalter zu unterbleiben hat. Auch die Normen des Insolvenzgerichts dürfen der privatautonomen Abwicklung der Insolvenz so wenig Schranken wie möglich setzen"; Begründung des Diskussionsentwurfs eines Gesetzes zur Reform des Insolvenzrechts des Bundesministers der Justiz.

537 Vgl. *Hahn/Mugdan*, Gesamte Materialien zu den Reichsjustizgesetzen, S. 449.

538 „*Durch die Einsetzung eines verantwortlichen Gläubigerausschusses wird es möglich, die Gesamtheit der Gläubiger von der eigentlichen Verwaltung fern zu halten. Nichtsdestoweniger muss das Gesetz eine Reihe von Gegenständen theils aus Gründen, die in der Natur der Sache liegen, theils wegen ihrer hervorragenden Wichtigkeit der unmittelbaren Entscheidung durch die Gläubiger vorbehalten*", *Hahn/Mugdan*, Gesamte Materialien zu den Reichsjustizgesetzen S. 286 f.

die Wahl des Konkursverwalters nicht den Gläubigern, sondern wurde durch das Gericht entschieden.[539]

7. Vergleichsordnung

Allgemein betrachtet stellt die Vergleichsordnung von 1935[540] einen Vorgänger des Instituts der Restschuldbefreiung dar.[541] Sie stellte eine Reaktion auf den Krieg und die Wirtschaftskrise jener Zeit dar und sollte dem vertrauenswürdigen Schuldner die Möglichkeit geben, mit Hilfe des Vergleichsgerichts den Konkurs über sein Vermögen abzuwenden.[542] Die Unternehmen sollten so unterstützt werden, um nicht Opfer der besonderen Umstände zu werden.[543] Die Konkursordnung selbst blieb größtenteils unverändert.[544] Die Einführung der Vergleichsordnung stellte jedoch in Bezug auf die Gläubigerautonomie einen deutlichen Rückschritt dar.[545]

Um sich klar vom Kommunismus abzugrenzen, blieb das Privateigentum zwar unangetastet[546], die Gestattung eines autonomen Handlungsfreiraums hätte jedoch nicht dem politischen Diktat des Nationalsozialismus entsprochen. *Schoan* fasst dies prägnant zusammen: „*Nachdem die Entwicklung zum autoritären Führerstaat abgeschlossen ist, muß auch die Entscheidungsmacht des Gerichts erweitert werden.*“[547]

8. Weitere Entwicklung in Deutschland bis zur Insolvenzordnung

Erst einige Zeit nach dem Ende des Zweiten Weltkrieges beschäftigte sich die Politik in Deutschland wieder mit dem Thema des Konkursrechts. Das Konkurs- und das Vergleichsverfahren sollten zur Vereinfachung zusammengefasst werden.[548] In Bezug auf die Gläubigerautonomie lässt sich sagen, dass diese mit dem Argument der mangelnden Teilnahmebereitschaft der Gläubiger nicht gestärkt wurde.[549]

---

539 *Riedemann*, S. 33.
540 RGBl I, S. 321.
541 *Anlauf*, S. 391.
542 Vgl. auch anhand des Gesetzes über den Vergleich zur Anwendung des Konkurses (durch die Vergleichsordnung abgelöst) von 1927, *Bauer*, Insolvenzplan, S. 267 ff.
543 *Henckel*, in: Jaeger, Einleitung Rn. 9.
544 *Dies.*, ebenda.
545 *Riedemann*, S. 94.
546 Vgl. *Keiser*, S. 79; *Bauer*, Insolvenzplan, S. 275.
547 *Schoan*, Deutsche Juristen Zeitung 1933, 1622.
548 *Berges*, KTS 1955, 49 ff.
549 *Riedemann*, S. 141.

II. *Zwischenergebnis*

Die Gläubigerautonomie ist ein Reflex der vorherigen rechtlichen Beziehungen zwischen Schuldner und Gläubiger. Diese sind verbunden durch Verträge, die unter Auslebung ihrer Privatautonomie schlossen oder durch die Zuweisung eines gesetzlichen Schuldverhältnisses.

Einfach ausgedrückt: Es geht um das Geld der Gläubiger, also ist es nur natürlich, dass sie die Entscheidungen treffen. Ein insolvenzrechtliches System ohne Gläubigerautonomie ist eine bewusste Entscheidung des Gesetzgebers, den Gläubigern eine passive und untergeordnete Rolle zuzuweisen, die viel über dessen allgemeines Verständnis von einer freiheitlichen Grundordnung aussagt.

III. *Gläubigerautonomie als gesetzgeberische Zielvorgabe der jüngsten Vergangenheit*

Gläubigerrechte zu stärken, war auch nach der Insolvenzrechtsreform aus dem Jahre 2001 weiterhin Ziel des Gesetzgebers.

1. Entwurf eines Gesetzes zur Entschuldung mittelloser Personen, zur Stärkung der Gläubigerrechte sowie zur Regelung der Insolvenzfestigkeit von Lizenzen

Der Entwurf eines Gesetzes zur Entschuldung mittelloser Personen, zur Stärkung der Gläubigerrechte sowie zur Regelung der Insolvenzfestigkeit von Lizenzen[550] und der Entwurf eines Gesetzes zur Verbesserung und Vereinfachung der Aufsicht in Insolvenzverfahren (GAVI)[551] haben sich mit Ablauf der 16. Wahlperiode des Deutschen Bundestages zwar erledigt, aber die Auseinandersetzung mit den Ideen ist weiterhin lohnenswert.

Im GAVI war unter anderem vorgesehen, dass sich die Informationslage der Gläubiger verbessern sollte. In der Begründung hierzu heißt es, die mit der Insolvenzordnung verbundene Erwartung, dass die Gläubiger selbst das Verfahren aktiv mitgestalten und zugleich dem Insolvenzverwalter gegenüber eine Kontrollfunktion einnähmen, erfülle sich in den seltensten Fällen. Es ergibt sich von allein, dass Gläubiger, deren Informationsstand praktisch gleich null ist, sich nicht gestaltend ins Verfahren einbringen (können). Entweder muss das Verfahren transparenter sein, oder die Gläubiger müssen gewissermaßen führend an die Hand genommen werden. Es ist durchaus die Frage berechtigt, ob Insolvenzverwalter

---

550 BT-Drucks. 16/7426.

551 Gesetzesvorschlag der Länder Nordrhein-Westfalen und Niedersachsen, BR-Drucks. 16/7251.

und Insolvenzgericht diese Rolle immer übernehmen können. Eine solch besondere Form des Schuldnerschutzes findet man zum Beispiel in Österreich in kommerzieller Form. Dort ist es den Gläubigern möglich, sich in Schutzverbänden zusammenzuschließen. Im GAVI wird hierzu ausgeführt, dass relativ wenig hochqualifizierte Personen in den Gläubigerausschüssen säßen. Dies sei auch darauf zurückzuführen, dass es sich dabei um eine nicht besonders lukrative Beschäftigung handele. Der Anspruch auf Entgelt der Mitglieder des Gläubigerausschusses folgt unmittelbar aus § 73 InsO. §§ 17, 18 InsVV konkretisieren den § 73 InsO. Danach beläuft sich die Vergütung auf höchstens 95,- € pro Stunde. Würde das Gesetz es nun aber der Gläubigerversammlung ermöglichen, dass eine höhere Vergütung beschlossen werden könnte, wäre es auch möglich, qualifizierte Leute zu gewinnen. Eine Idee wäre es also, die Betreuung der Gläubigerinteressen an eine professionellere Ebene abzugeben. Eine erneute Einbringung solcher und ähnlicher Gesetzesvorschläge ins Parlament bleibt abzuwarten.

2. Gesetz zur weiteren Erleichterung der Sanierung von Unternehmen

Ein weiteres Kapitel der Nachbesserung des Insolvenzverfahrens ist das Gesetz zur weiteren Erleichterung der Sanierung von Unternehmen (ESUG).[552] Der Einfluss der Gläubiger sollte gestärkt werden, indem sie in einer früheren Phase des Verfahrens mit einbezogen werden.

So kann der Gläubigerausschuss jetzt gemäß § 22a InsO einen vorläufigen Verwalter wählen.[553] Zwar könnten die Gläubiger den gerichtlich bestellten Verwalter absetzen, aber die maßgeblichen Entscheidungen werden schon kurz nach Eröffnung des Verfahrens getroffen.

Im Koalitionsvertrag für die 17. Legislaturperiode war eine Reform des Insolvenzrechts vorgesehen.

Darin heißt es u. a.:

„Das Insolvenzrecht muss den neuen Herausforderungen angepasst werden. (…)

Wir wollen die Restrukturierung und Fortführung von sanierungsfähigen Unternehmen erleichtern und damit den Erhalt von Arbeitsplätzen ermöglichen. Hierzu gehört es, die rechtlichen Rahmenbedingungen für außergerichtliche Sanierungsverfahren für Unternehmen im Vorfeld einer drohenden Insolvenz zu verbessern. Das Insolvenzplanverfahren soll vereinfacht und im Sinne eines Restrukturierungsrechts noch stärker auf die Frühsanierung von Unternehmen

552 BT-Drucks. 17/2008.

553 Vgl. Einleitung, S. 3.

ausgerichtet werden. (…) Eine wesentliche Errungenschaft der Insolvenzordnung ist die Gleichbehandlung aller Gläubiger. Hiermit nicht vereinbar ist die in der letzten Wahlperiode gegen den Willen der Rechtspolitiker aller Fraktionen erfolgte Privilegierung der Sozialkassen im Insolvenzverfahren. Diese werden wir beenden. Weiteren Regelungsbedarf werden wir prüfen. Das gilt namentlich für den Verschuldensbegriff, die Verwalterauswahl und das Verbraucherinsolvenzverfahren. Hier muss auch weiterhin der Grundsatz der zweiten Chance gelten. Rechtsstaatliche Standards müssen gewahrt bleiben.“[554]

Auf dem ersten Blick geht es in der Klausel ausschließlich um eine verbesserte Sanierungsquote von Unternehmensträgern, damit Arbeitsplätze erhalten bleiben. Immerhin wurde aber festgestellt, dass die Gleichbehandlung der Gläubiger eine der Errungenschaften der Insolvenzordnung sei.

3. Gesetzes zur Verkürzung des Restschuldbefreiungsverfahrens und zur Stärkung der Gläubigerrechte

Die *„Endlosgeschichte“*[555] der Insolvenzrechtsreform ist sicher noch nicht beendet. Nächster Schritt der Reformbemühung war das Gesetz zur Verkürzung des Restschuldbefreiungsverfahrens und zur Stärkung der Gläubigerrechte.[556]

Schwerpunkte war u. a die Verkürzung und Umgestaltung des Restschuldbefreiungsverfahrens und die Stärkung der Gläubigerrechte.[557]

Das Gesetz sieht unter anderem vor, dass Gläubigern die Möglichkeit gewährt wird, einen Versagungsantrag auf Restschuldbefreiung bei nachträglich bekannt gewordenen Versagungsgründen zu stellen, § 297a InsO. Ein solcher Antrag muss spätestens im Schlusstermin vorliegen oder gestellt werden. Damit soll die Akzeptanz des Instituts der Restschuldbefreiung unter den Gläubigern gestärkt werden.[558]

Kritisch ist jedoch die Verkürzung des Restschuldbefreiungsverfahrens gemäß § 300 InsO auf drei Jahre zu sehen, wenn 1. im Verfahren kein Insolvenzgläubiger eine Forderung angemeldet hat oder wenn die Forderungen der Insolvenzgläubiger befriedigt sind und der Schuldner die sonstigen Masseverbindlichkeiten

---

554 Der vollständige Koalitionsvertrag ist nachzulesen unter: http://www.bmi.bund.de/SharedDocs/Downloads/DE/Ministerium/koalitionsvertrag.html (Abrufdatum: 08.12.2013).

555 *Uhlenbruck*, DZWIR 2007, 1 ff.

556 BGBl. 2013, Teil I Nr. 38, S. 2379.

557 Referentenentwurf der Bundesministeriums der Justiz, http://gesetzgebung.beck.de/sites/gesetzgebung.beck.de/files/RefE_InsoII.pdf (Abrufdatum: 08.12.2013).

558 Vgl. Fn. 550.

berichtigt hat, 2. drei Jahre der Abtretungsfrist verstrichen sind und dem Insolvenzverwalter oder Treuhänder innerhalb dieses Zeitraums ein Betrag zugeflossen ist, der eine Befriedigung der Forderungen der Insolvenzgläubiger in Höhe von mindestens 35 Prozent ermöglicht.

So ist es sehr fraglich, ob eine Mindestbefriedigungsquote von 35% erreichbar ist.[559]

Darüber hinaus könnte auch die Möglichkeit einer Verkürzung des Restschuldbefreiungsverfahrens ein Anlass bieten, unüberlegter als sonst üblich Schulden anzuhäufen.

Ein weiterer Kritikpunkt ist die Tatsache, dass eine Verkürzung des Restschuldbefreiungsverfahrens sich nur dann nicht für Gläubiger nachteilig darstellt, wenn ein Verfahren masselos bleibt. Ansonsten erhöht sich natürlich die Chance, dass das Verfahren nicht masselos bleibt mit jedem Jahr, welches es andauert.

D. Verhältnis zwischen Gläubigerautonomie und Stimmrechten

I. Stimmrechte als Instrument der Gläubigerautonomie

Das Stimmrecht i. S. v. § 77 InsO ist für den Gläubiger das einzige Instrument zur Durchsetzung seiner (finanziellen) Interessen innerhalb des Verfahrens und dient zur Verwirklichung der Gläubigerautonomie. Die Gewährung von Stimmrechten ist auf das Prinzip der Gläubigerautonomie zurückzuführen, da die Ausübung einer Autonomie zwingend eigener Ausdrucksmittel bedarf. *Carl* fasst diese Tatsache prägnant zusammen, indem er ausführt, dass die Teilnahme am Insolvenzverfahren durch Verfahrenshandlungen gekennzeichnet sei.[560] Zum Wohle aller muss das Verfahren beständig vorangetrieben werden. Dies ist nur durch aktive Handlungen möglich.

II. Der Insolvenzverwalter als eigentlicher Entscheidungsträger im Verfahren?

Denkbar wäre jedoch auch, dass der bestellte Insolvenzverwalter oder das zuständige Gericht die nötigen Entscheidungen treffen.

So bezeichnete *Jaeger* bereits Anfang des 20. Jahrhunderts den Insolvenzverwalter als die Schicksalsfrage des Insolvenzverfahrens[561] aufgrund seiner Rolle als vermeintlicher Weichensteller des Verfahrens. Dies mag durchaus (auch

559 BR-Drucks. 380/1/13.

560 *Carl*, 1. Teil, A, I, 1.

561 *Jaeger*, KO, 6. Auflage, § 78 Anm. 7.

heute noch) stimmen, dennoch sind es die Gläubiger, die letztendlich über die Verwalterfrage entscheiden. Sie sind somit diejenigen, die noch eine weitere Stufe als Entscheidungsträger des Verfahrens über dem Insolvenzverwalter stehen. Für die Gläubiger kann der praktische Nutzen von Stimmrechten nicht hoch genug bemessen werden. Allein durch die gesetzliche Gewährung von Stimmrechten sind die Gläubiger in der Lage, das Insolvenzverfahren über das Vermögen ihres Schuldners aktiv mitzugestalten. In der Erteilung von Stimmrechten wird auch eine gesetzgeberische Verfahrensprägung deutlich. So wird das Insolvenzverfahren durch die sog. Gläubigerautonomie beherrscht.[562] Danach sollen alle wesentlichen Entscheidungen von der Gesamtheit der Gläubiger getroffen werden.[563] Insbesondere die Möglichkeit, den vom Gericht bestellten Insolvenzverwalter innerhalb der Gläubigerversammlung gemäß § 57 InsO[564] abzuwählen, und die Entscheidung darüber, ob das Unternehmen fortgeführt werden soll (§ 157 InsO)[565], machen deutlich, wie stark die Gläubiger das Verfahren beeinflussen können. Dies ist auch die Rolle, die den Gläubigern im Verfahren zugewiesen ist.

Die Teilnahme am Insolvenzverfahen ist folglich durch Verfahrenshandlungen gekennzeichnet.[566]

III. Professionalisierung und Konzentration der Insolvenzgerichte

In diesem Zusammenhang ist auch der Vorstoß der Professionalisierung und Konzentration der Insolvenzgerichte zu nennen.[567] Kritisch sei aber gefragt, was sich hinter dieser Formulierung wirklich verbergen mag, denn es kann wirklich nicht daran gezweifelt werden, dass Insolvenzgerichte grundsätzlich professionell arbeiten. *Zuleger* meint jedoch, dass ein professionelles Gericht *„schwierigen Fragen zur Schuldner- und Gläubigerautonomie die Brisanz nehmen würde"*.[568]

---

562 Die „Deregulierung" des Insolvenzrechts war jedenfalls erklärtes Ziel des Reformgebers, amtl. Begr. zum RegEInsO, BT-Drucks. 12/2443, 73; inwieweit dieses Ziel stringent umgesetzt wurde: siehe krit. *Smid*, Handbuch Insolvenzrecht, § 1 Rn. 42.

563 Vgl. die amtl. Begr. zu § 176 RegEInsO, BT-Drucks. 12/2443, 173.

564 *Rechel,* in: Leonhardt/Smid/Zeuner, InsO, § 57, Rn. 1 ff.

565 *Smid*, in: Leonhardt/Smid/Zeuner, InsO, § 157, Rn. 1.

566 *Carl*, 1. Teil, A, I, 1.

567 Vgl. Regierungsentwurf: BT-Drucks. 17/5712; *Frind*, ZInsO 2011, 373; Zur Übertragung der Unternehmensinsolvenzen auf die Kammern für Handelssachen: *Frind*, ZInsO 2011, 1573 ff.; so schon *Berges* 1955, KTS 55, S. 54.

568 *Zuleger*, NZI 2011, 137.

Bezüglich der Gläubigerautonomie lässt sich sagen, dass die Bedeutung und das Bestehen der Gläubigerautonomie nicht vom Grad der Professionalität des Insolvenzgerichts abhängen.

IV. Professionalisierung des Gläubigerausschusses

Die Gläubigerautonomie kann zwar nur so weit reichen, wie die Gläubiger in der Lage sind, sie auszuüben. Doch steht es den Gläubigern auch frei, sich „Fachleute" in die Gläubigerausschüsse zu holen oder sich Gläubigerschutzverbänden anzuschließen, um auf diese Art ihre Autonomie zu wahren.

Ein vielversprechenderer Ansatz ist die Professionalisierung des Gläubigerausschusses.[569] Durch die jüngste Reform ist die Stellung des Gläubigerausschusses noch gestärkt und weiter ausgebaut worden[570], so dass seine Stellung innerhalb des Verfahrens deutlich an Bedeutung gewonnen hat. Der Ruf nach Qualitätsanforderungen wie Sachverstand und Unabhängigkeit ist nachvollziehbar.[571]

Mit dem Unabhängigkeitserfordernis ist gemeint, dass die Mitglieder nicht auf der „Gehaltsliste" einzelner Gläubiger stehen. Trotzdem muss auch an dieser Stelle die Gläubigerautonomie gewahrt bleiben.

So sieht das Gesetz vor, dass auch Personen, die keine Gläubiger des jeweiligen Verfahrens sind, in den Gläubigerausschuss wählbar sind (§ 67 Abs. 3 InsO). Die Gläubigerversammlung hat die Möglichkeit, den gerichtlich eingesetzten Gläubigerausschuss neu zu besetzen (§ 68 Abs. 1 S. 2 InsO).

V. Vergleich zu Frankreich

Das deutsche Insolvenzrecht ist im Gegensatz zu anderen EU-[572] und Nicht-EU-Staaten[573] durch diese Form der Gläubigerselbstbestimmung geprägt.[574]

---

569 *Heeseler/Neu*, NZI 2012, 440 ff.

570 Vgl. Einleitung, S. 3.

571 Vgl. *Heeseler/Neu*, NZI 2012, 441 ff.

572 Im englischen Recht etwa ist nur ein aus Gläubigern bestehendes Wahlgremium (creditor's commitee) vorgesehen, welchem ein Auskunftsrecht gegenüber dem admistrative receiver zusteht, vgl. *Starnecker*, Englische Insolvenzverfahren, S. 182 et passim.

573 Die Russische Föderation nähert sich zwar auch in Bezug auf ihr Insolvenzrecht den westlichen Staaten an, eine andere Rechtsmentalität ist aber immer noch spürbar, *Wedde* S. 31 ff. m. w. N.

574 BGH und BVerfG betonen die Herrschaft der Gläubiger über das Verfahren, vgl. Fn. 1.

Beispielsweise waren in Frankreich bis zum Inkrafttreten des „Gesetzes zum Erhalt von Unternehmen" (loi de sauvegarde des entreprises)[575] keine vergleichbaren Organe der Gläubigerselbstverwaltung vorgesehen. Lediglich der sog. Gläubigervertreter (représentant des créanciers) wurde vom Insolvenzgericht ernannt (Art. 10 IL 85–98)[576]. Kernstück der Gesetzesreform aus dem Jahre 2006 war die procédure de sauvegarde.[577] In diesem präventiven Sanierungsverfahren erhielten die Gläubiger nun die Möglichkeit, in Gläubigerausschüssen[578] über die Annahme und Ablehnung des Sanierungsplans abzustimmen. Seit der Reform zum 15.02.2009[579] wurde der Kreis der Teilnahmeberechtigten erweitert. So sind nun auch Forderungsinhaber der Kreditgeber und Lieferanten des Schuldners teilnahmeberechtigt.[580] Darüber hinaus hat der französische Gesetzgeber aus den Erfahrungen des sog. Eurotunnelverfahrens heraus auch Schuldverschreibungsinhaber berücksichtigt, die in einer dem Gläubigerausschuss in seiner Funktionsweise entsprechenden Versammlung Gehör finden.[581]

Die britisch-französische Eurotunnel-Gesellschaft stand mehrfach vor der Anmeldung zur Insolvenz. Durch Anwendung der procédure de sauvegarde konnte der Konzern gerettet werden, da nach diesem Verfahren lediglich die Zustimmung der Zweidrittelmehrheit beider Gläubigerausschüsse und der Hauptversammlung aller Inhaber von Schuldverschreibungen nötig war (nach englischem Recht wäre die Umschuldung gescheitert, da nicht die notwendige Dreiviertelmehrheit der einzelnen Gläubigerkassen ihre Zustimmung gegeben hätte).[582]

Eine Gläubigerselbstbestimmung innerhalb eines eröffneten Verfahrens ist in Frankreich allerdings immer noch nicht vorgesehen.[583]

---

575 Wurde am 27.07.2005 im franz. Amtsblatt, dem Journal officiel Nr. 173, S. 12187, abgedruckt und trat am 01.01.2006 in Kraft.

576 *Smid*, Internationales Insolvenzrecht, § 3 Rn. 23.

577 Das zum 01.01.2006 eingeführte Verfahren wird auch oft als „*Chapter 11 à la française*" bezeichnet, *Delzant/Ehret*, ZInsO 2009, 990.

578 Ein Gläubigerausschuss versammelt die Kreditinstitute und als gleichwertig betrachtete Institute, Art. L. 626–27-3 Abs. 3 des franz. HGB i. V. m. Art. R 626–52 franz. HGB.

579 Mit Verordnung vom 15.02.2009 wurden 174 Artikel des in das französische HGB (code de commerce) inkorporierten Insolvenzrechts geändert; das Anwendungsdekret Nr. 2009–160 v. 12.2.2009 wurde am 13.02.2009 im Journal officiel abgedruckt.

580 Vgl. *Delzant/Ehret*, ZInsO 2009, 993.

581 Vgl. *Delzant/Ehret*, ZInsO 2009, 993.

582 *Schmidt*, ZIP 2007, 408.

583 *Delzant/Ehret*, ZInsO 2009, 993 ff.

E. Auswirkungen der Gläubigerautonomie auf die Verfahrensbeteiligten

Es entsteht im Kräfteverhältnis der einzelnen Verfahrensbeteiligten des Insolvenzverfahrens eine Wechselwirkung.

Eine Steigerung der Gläubigerautonomie bedeutet somit zugleich eine Schwächung der Position von Insolvenzverwalter und Insolvenzgericht. *Uhlenbruck* geht noch einen Schritt weiter und spricht der Gläubigerautonomie eine wenig altruistische Eigenschaft zu. So wird von ihm die Gläubigerautonomie auch als das *„Zurücktreten allgemeiner wirtschaftlicher, sozialer Belange hinter die ausschließlich vermögensorientierten Privatinteressen der Gläubiger“* gekennzeichnet.[584] Es wird sicherlich nicht zu bestreiten sein, dass die Entscheidungsfindungen des Gläubigerausschusses kapitalistischen Motiven unterworfen sind. Das entspricht auch vollends dem Verfahrensziel der Insolvenzordnung der bestmöglichen Gläubigerbefriedigung, § 1 InsO.

Es darf auch nicht vergessen werden, dass Insolvenzen gewissermaßen eine natürliche Selektion des Marktes darstellen und so Platz für neue und den Bedürfnissen der Zeit angepasste Unternehmen schaffen, was wiederum neue Arbeitsplätze entstehen lässt. Es existiert ein Unternehmensdarwinismus, bei dem die stärkeren Unternehmen erfolgreich saniert werden.

F. Mangelndes Verständnis für die Gläubigerautonomie

Teilweise wird den Gläubigern eine passive Rolle im Insolvenzverfahren zugewiesen. Geplante Gesetzesänderungen werden auch in diesem Kontext interpretiert.[585] Zuweilen wird den Gläubigern völlig zu Unrecht eine passive Rolle zugewiesen. Sehr anschaulich ist zum Beispiel die Formulierung, dass die Einführung eines vorläufigen Gläubigerausschusses endlich zum Ausdruck bringe, für wen das Insolvenzverfahren eigentlich durchgeführt werde, nämlich für die Gläubiger.[586] Die Verwendung dieser Diathese zeigt das Rollenverständnis, das den Gläubigern entgegengebracht wird, auf. Für eine Analyse entscheidend sind dann die Instrumente, die das Gesetz den Gläubigern an die Hand gibt. Wie bei jedem Recht, das dem Einzelnen übertragen wird, reicht es nicht aus, sich mit den subjektiven Befugnissen des Rechtsinhabers auseinanderzusetzen. Rechtsgrundlagen, Einschränkungsmöglichkeiten, die Übertragbarkeit auf Dritte sowie die (tatsächliche) Durchsetzbarkeit geben erst Auskunft über das Recht. Um das abstrakte Recht anwenden zu können, bedarf es meist der Auslegung.

---

584 *Uhlenbruck*, KTS 1989, 229, 235.

585 *Steinwachs*, ZInsO 2011, 410–418.

586 *Ders.*, ZInsO 2011, 410.

Hierbei sind nicht nur die unverzichtbaren klassischen Auslegungsmethoden[587] gemeint, auch spielen das Umfeld und das politische Klima eine Rolle. Es stellt sich die Frage, ob das geltende Recht so stehengelassen werden kann oder ob es einer Korrektur bedarf. Im Insolvenzrecht scheint sich hier ein schleichender Paradigmenwechsel zu vollziehen. Zwar wird immer wieder die Stärkung der Gläubigerrechte beschworen, aber diese geflügelten Worte verkommen immer mehr zu einer Floskel, die man anstandshalber vorwegschieben muss. Könnte es dann wirklich zu einer Verbesserung der Gläubigerrechte kommen, werden diese gesetzlichen Neuerungen gleich stark kritisiert, wenn nicht gar im Namen der Praktikabilität verteufelt. Formelhaft wird zunächst von diesen Stimmen die generelle Stärkung der Gläubigerrechte begrüßt, um sodann aber noch im gleichen Atemzug zu begründen, warum die konkreten Änderungen in praxi nicht umsetzbar seien.[588]

G. Gläubigerautonomie als eigennütziges Motiv des Staates

Der Staat verfolgt aber mit der Selbstverwaltung der Gläubiger auch eigennützige Motive. So wird die Entlastung der Gerichte angestrebt. Schon in den Motiven zur Konkursordnung ist die Überlegung zu finden, die Gerichte von der „Besorgung fremder Angelegenheiten“ zu befreien.[589] Je mehr Verantwortung auf den Schultern der Gläubiger lastet, umso weniger muss der Staat bei Fehlentscheidungen während des Insolvenzverfahrens eine Haftung fürchten.[590] Der Insolvenzverwalter haftet zwar (§ 60 InsO), ist aber kein Organ des Staates.[591]

---

587 Vgl. *Larenz*, Methodenlehre der Rechtswissenschaft, S. 307 ff.

588 *Frind*, ZInsO 2011, 760 ff.

589 *Hahn/Mugdan*, Gesamte Materialien zu den Reichsjustizgesetzen, S. 284.

590 *Hegemanns*, S. 30.

591 *Ott/Vuia*, in: MünchKomm, InsO, § 80 Rn. 20; *Windel*, in: Jaeger, InsO, § 80 Rn. 13 ff.

Dritter Teil: Die stimmrechtlichen Problematiken im Einzelfall

1. Kapitel: Forderungsanmeldung

Fraglich ist, in welcher Höhe die bestrittenen Forderungen und folglich auch die daraus resultierenden Stimmrechte festzusetzen sind.

In voller Höhe ist eine Bewertung auf jeden Fall nicht möglich. Forderungen, die außerhalb des Insolvenzverfahrens im Wege einer Klage festgestellt werden müssen, sind in jeden Fall mit einem gewissen Prozessrisiko behaftet. Dieser Aspekt muss unbedingt in die Bewertung einfließen. Man könnte sich aber auch auf dem Standpunkt stellen, dass eine überwiegende Wahrscheinlichkeit für das Vorliegen einer Forderung vorliegen muss. Der Begriff der überwiegenden Wahrscheinlichkeit bedeutet im Zusammenhang mit der Überschuldung eines Unternehmens, dass es mit mehr als 50% iger Wahrscheinlichkeit fortgeführt wird.[592] Die Forderung sollte dann aber nicht schlicht mit 51% ihrer geforderten Höhe beziffert werden.

Eine Parallele lässt sich zur Bilanzerstellung nach dem HGB herstellen. Der Bundesfinanzhof entschied, dass sog. zweifelhafte Forderungen mit ihrem wahrscheinlichen Wert anzusetzen sind.[593] Dieses Gebot galt schon vor Änderung durch das Bilanzrichtlinien-Gesetz gemäß § 40 Abs. 3 HGB a.F. und ist bei Anwendung des § 253 HGB weiterhin zu beachten.[594] Der Maßstab wäre somit der wahrscheinliche Wert der Forderung. Hier wäre stets ein gewisser Abzug für ein stets schwebendes Prozessrisiko abzuziehen und nicht in voller Höhe zu beziffern. Ansonsten ist ein Rechtsgespräch gemäß § 139 ZPO i. V. m. § 4 InsO zu suchen.

Damit stellt sich die Frage, ob auch Forderungen aufgelistet werden sollten, die *unter* der überwiegenden Wahrscheinlichkeit liegen. In Anbetracht der Tatsache der Bedeutung von Stimmrechten können Forderungen, die beispielsweise nur knapp unter einer überwiegenden Wahrscheinlichkeit liegen, nicht einfach unberücksichtigt bleiben.

Die Vorenthaltung des Stimmrechts verstieße gegen Art. 103 Abs. 1 GG. Die Grenzziehung wäre kaum möglich. Die Forderungen sollten somit stets in Höhe

592 *Kirchhof* in: Kreft, InsO, § 19, Rn. 8.
593 BFH Urt. v. 20.08.2003 - I R 49/02, DStR 2003, 2060–2063.
594 *Adler/Düring/Schmaltz*, Rechnungslegung und Prüfung der Unternehmen, § 253 HGB Anm. 531.

ihrer wahrscheinlichen Höhe beziffert werden. Das bedeutet, dass eine Forderung die zum Beispiel mit 100 000 € angegeben wird und nur in Höhe einer Wahrscheinlichkeit von 20 % besteht, in einer Höhe von 20.000 € beziffert wird.

2. Kapitel. Forderungseintragung in Insolvenztabelle, Insolvenzplan und Schuldenbereinigungstabelle

A. Zweifel über Vorliegen und Höhe von Forderungen

Die meisten Schuldner, die vor einem Insolvenzverfahren stehen, dürften sowohl über die Zahl der Gläubiger als solche als auch die Höhe der Forderungen den Überblick verloren haben. Die Aufstellung von Gläubigerverzeichnissen und Forderungsanmeldungen ist somit unerlässlich. Man bedenke allein nur den Fall des Verbraucherinsolvenzverfahrens, welches nur durchlaufen werden darf, wenn der Schuldner weniger als 20 Gläubiger hat (§ 304 Abs. 2 InsO), so dass der Kenntnisstand über die Gläubigerzahl zwingend erforderlich ist.

Wenn jedoch der Bestand der Forderung als solche oder die genaue Höhe zweifelhaft ist, stellt sich die Frage, was in Tabelle, Schuldenbereinigungsplan oder Insolvenzplan eingetragen werden soll bzw. muss.

B. Erinnerungswert als Merkposten „zweifelhafter“ Forderungen

Wenn eine Forderung nicht evident unbegründet ist, und ein gewisser Restzweifel besteht, dass sie doch besteht, sollte sie zumindest mit einen Erinnerungswert von 1 € in die Tabelle u. a. aufgenommen werden. Der Erinnerungswert stellt einen Merkposten innerhalb der Dokumentation dar, damit diese „zweifelhaften“ Forderungen nicht völlig in Vergessenheit geraten.

Bespielhaft hierfür sind Forderungen aus §§ 43[595], 64[596] GmbHG.

---

595 Haftung des Geschäftsführers „*(1) Die Geschäftsführer haben in den Angelegenheiten der Gesellschaft die Sorgfalt eines ordentlichen Geschäftsmannes anzuwenden. (2) Geschäftsführer, welche ihre Obliegenheiten verletzen, haften der Gesellschaft solidarisch für den entstandenen Schaden. (3) Insbesondere sind sie zum Ersatz verpflichtet, wenn den Bestimmungen des § 30 zuwider Zahlungen aus dem zur Erhaltung des Stammkapitals erforderlichen Vermögen der Gesellschaft gemacht oder den Bestimmungen des § 33 zuwider eigene Geschäftsanteile der Gesellschaft erworben worden sind. Auf den Ersatzanspruch finden die Bestimmungen in § 9b Abs. 1 entsprechende Anwendung. Soweit der Ersatz zur Befriedigung der Gläubiger der Gesellschaft erforderlich ist, wird die Verpflichtung der Geschäftsführer dadurch nicht aufgehoben, daß dieselben in Befolgung eines Beschlusses der Gesellschafter gehandelt haben.*“

596 Haftung für Zahlungen nach Zahlungsunfähigkeit oder Überschuldung: „*Die Geschäftsführer sind der Gesellschaft zum Ersatz von Zahlungen verpflichtet, die*

Häufig kann eine abschließende Beurteilung im Zeitpunkt der Planerstellung noch nicht erfolgen. In diesem Fall reicht die Aufführung der möglichen Forderung mit einem Erinnerungswert im Plan.[597]

C. Erinnerungswerte im Schuldenbereinigungsplan

Der Erinnerungswert einer Forderung ist auch von Bedeutung, wenn nachrangige Gläubiger an einem Schuldenbereinigungsplan beteiligt sind. Soweit ein nachrangiger Gläubiger nicht glaubhaft machen kann, dass die Insolvenzgläubiger voll befriedigt werden, kann er nur mit einem Erinnerungswert beteiligt werden.[598]

Dieser formale Erinnerungswert ist auch notwendig, denn eine Forderung, die weder im Forderungsverzeichnis noch im Schuldenbereinigungsplan aufgeführt ist, kann zwar weiterhin gegen den Schuldner geltend gemacht werden, § 308 Abs. 1 S. 1 InsO. Dies gilt aber nur, wenn der Gläubiger es versäumt hat, seine Forderung in dem Forderungsverzeichnis zu ergänzen, obwohl ihm der Schuldenbereinigungsplan übersandt worden und seine Forderung vor Ablauf der Frist entstanden ist, § 308 Abs. 3 S. 2 InsO. Käme der Schuldner also wider Erwarten zu Geld, verlöre ein nachrangiger Schuldner ohne die Eintragung eines Erinnerungswertes im Insolvenzplan seine Forderung.

Spiegelbildlich ist ein vollständiges Gläubigerverzeichnis aber auch für den Schuldner von entscheidender Bedeutung. So ist er zunächst verpflichtet, gemäß § 305 Abs. 1 Nr. 3 InsO ein Verzeichnis seiner Gläubiger bei Gericht vorzulegen. Macht der Schuldner vorsätzlich oder grob fahrlässig unrichtige oder unvollständige Angaben, so wird ihm die Restschuldbefreiung versagt, § 290 Abs. 1 Nr. 6 InsO.

---

nach Eintritt der Zahlungsunfähigkeit der Gesellschaft oder nach Feststellung ihrer Überschuldung geleistet werden. Dies gilt nicht von Zahlungen, die auch nach diesem Zeitpunkt mit der Sorgfalt eines ordentlichen Geschäftsmanns vereinbar sind. Die gleiche Verpflichtung trifft die Geschäftsführer für Zahlungen an Gesellschafter, soweit diese zur Zahlungsunfähigkeit der Gesellschaft führen mussten, es sei denn, dies war auch bei Beachtung der in Satz 2 bezeichneten Sorgfalt nicht erkennbar. Auf den Ersatzanspruch finden die Bestimmungen in § 43 Abs. 3 und 4 entsprechende Anwendung."

597 Vgl. BGH, Beschl. v. 15.07.2010 – IX ZB 65/10.

598 BGH, Beschl. v. 17.01.2008 – IX ZB 142/07 – ZVI 2008, 164–166.

3. Kapitel: Einigungsverfahren nach § 77 Abs. 2 S. 1 InsO

A. Bedingt autonomes Einigungsverfahren

Die Voranstellung des Einigungsverfahrens vor einer gerichtlichen Entscheidung in Bezug auf das Stimmrecht einer bestrittenen Forderung ist ein klarer Ausdruck der Gläubigerautonomie.[599]

Das Einigungsverfahren der Gläubiger ist aber dennoch nur bedingt autonom. So ordnet der § 77 Abs. 2 S. 1 InsO an, neben den Gläubigern ebenfalls den Insolvenzverwalter in das Einigungsverfahren einzubeziehen. Entscheidend ist an dieser Stelle, dass diese Einigung keine Mehrheitsentscheidung ist, sondern eben eine übereinstimmende Willenserklärung aller Beteiligten darstellt. Angenommen, der Insolvenzverwalter stimmt gegen die Gewährung eines Stimmrechts, so kann er dessen Erteilung allein durch seine Stimme vereiteln. Ohne die Zustimmung des Insolvenzverwalters kann ein bestrittenes Stimmrecht also nicht gewährt werden. Die Gläubiger sind somit nicht allein befugt, über das Stimmrecht zu verfügen, und können damit nur bedingt autonom entscheiden.

B. Einigungsprozess im Sinne des § 77 Abs. 2 S. 1 InsO

Der konkrete Entscheidungsablauf der Einigung wird meist mit einem „ernsthaften Einigungsversuch" der Befugten umschrieben.[600]

Diese eher floskelhafte und unscharfe Formulierung ist nicht verwunderlich, wenn man bedenkt, dass es gerade für Gläubiger, die der Forderung eines anderen entgegentreten, nichts zu verlieren gibt, wenn sie auf ihrem Standpunkt beharren. Im Gegenteil: Je mehr Gläubiger von der Entscheidungsebene ausgeschlossen werden, umso größer wird der eigene Einfluss. Zwar bilden alle Gläubiger im Insolvenzverfahren eine Haftungs- und Verlustgemeinschaft, doch kann man nicht davon ausgehen, dass diese Gemeinschaft so weit verbindet, dass ein Einvernehmen im Rahmen dieser Zwangsgemeinschaft zu erwarten ist. Der einzelne Gläubiger muss während des laufenden Verfahrens seine eigenen Interessen stark zurücknehmen und kann beispielweise seine Forderungen nicht mehr vollstecken (§ 89 InsO).[601] Er wird aber alles daran setzen, dass er am Ende des Verfahrens bestmöglich befriedigt wird. Eine Möglichkeit, dieses Ziel zu erreichen, ist es, den Kreis der Forderungsberechtigten, die an der

599 *Huhmold*, in: Haarmeyer/Wutzke/Förster, InsO, § 77 Rn. 9.

600 Vgl. etwa *Kind*, in: FK, InsO, § 77 Rn. 10; *Huhmold*, in: Haarmeyer/Wutzke/Förster, InsO, § 77 Rn. 9.

601 Vgl. Fn. 406.

Schlussverteilung teilnehmen, einzudämmen, indem man die angemeldeten (nicht titulierten) Forderungen bestreitet.[602] Gläubiger dieser Forderungen werden nur dann bei der Schlussverteilung nach § 196 InsO berücksichtigt, wenn sie ihre Rechte nach §§ 179 Abs. 1, 180 ff. InsO wahrgenommen haben.[603] Darüber hinaus werden die bereits stimmberechtigten Gläubiger, die sich am Verfahren aktiv beteiligen, ein starkes Verlangen haben, die zu erwartende Quote durch die eigenen Weichenstellungen zu verbessern. Damit der einzelne Gläubiger – teilweise wohl vermeintlich – seine Interessen auch mit den ihm geeignet erscheinenden Mitteln durchsetzen kann, muss er gewährleisten, dass er in der Gläubigerversammlung nicht überstimmt wird. Daher nimmt es nicht wunder, dass potenzielle Stimmrechte anderer Gläubiger von bereits Stimmberechtigten bestritten werden.[604] Die Zahl der stimmberechtigten Gläubiger soll also nach Möglichkeit niedrig gehalten werden.

Man könnte sagen, dass die Insolvenzordnung dieses Vorhaben gewissermaßen begünstigt. Gemäß § 77 Abs. 2 InsO haben die bereits stimmberechtigten Gläubiger die Gelegenheit, die Forderungen anderer Gläubiger zu bestreiten und somit deren Stimmrecht zu blockieren.

Wie kann man aber nun dem Missbrauch entgegenwirken, dass die Forderungen anderer Gläubiger nicht aus taktischen Gründen bestritten werden, um Abstimmungserfordernisse zu eigenen Gunsten zu beeinflussen? Das Gesetz schreibt vor, das Insolvenzgericht solle über das Stimmrecht entscheiden, wenn es zu keiner Einigung gekommen ist (§ 77 Abs. 2 S. 2 InsO). Dies stellt einen gewissen Kontrollmechanismus dar. Das Insolvenzgericht kommt aber häufig gar nicht erst zum Zuge. So ist die Besonderheit dabei, dass es laut dem Wortlaut des Gesetzes eben nur zu einer Einigung zwischen den stimmberechtigten Gläubigern und dem Insolvenzverwalter kommen soll. Anders als noch unter der Konkursordnung[605] wird der anmeldende Gläubiger also nicht mit in die Entscheidung einbezogen.[606] Laut Gesetz sollen sich also Dritte über das Stimmrecht eines anderen einigen! Wie oben bereits festgestellt, liegt den Gläubigern meist nichts daran, die Zahl derer, die stimmberechtigt sind, zu erhöhen. Trotzdem dürfen sie über das Stimmrecht entscheiden. Der Betroffene selbst ist dieser Entscheidung also ausgeliefert. Denn sollten die stimmberechtigten Gläubiger und der Insolvenzverwalter sich einigen, dass dem Anmeldenden kein Stimmrecht zu gewähren sei, sieht das Gesetz keine

---

602 Siehe dazu auch *Preß*, in: Hamburger Kommentar, InsO § 77 Rn. 8.

603 *Smid*, in: Leonhardt/Smid/Zeuner, InsO, § 189 Rn. 1.

604 Vgl. *Pape*, KTS 1993, S. 31.

605 Vgl. Dritter Teil 1. Kap., B I 6.

606 Vgl. *Jaeger*, KO, 8. Auflage, § 95 Anm. 2.

Regelung vor, die es ihm direkt gestattet, dagegen vorzugehen. Der Gläubiger muss sich in diesem Fall seinem Schicksal fügen.

Es stellt sich damit die berechtigte Frage, ob diese Regelung zulässig sein kann, oder ob sie vielleicht sogar verfassungsrechtlichen Vorgaben nicht gerecht wird. Teilweise wird dem Insolvenzverwalter die Rolle des Hüters der Stimmrechtsgerechtigkeit zugewiesen.[607] Ihm wird die nötige Neutralität attestiert zu entscheiden, ob die Forderung des Ersuchenden hinreichend plausibel erscheint, um ein Stimmrecht zu gewähren.

Es stellt sich dennoch die Frage, ob diese Lösung gerecht ist. Als Grund für diese genannte Auslegung der Insolvenzordnung wird das gefällige Schlagwort der Gläubigerautonomie genannt. Die Entscheidung über Stimmrechte in „erster Instanz" soll also nach dem Willen des Gesetzgebers gerade den Gläubigern überantwortet und damit der Einflussmöglichkeit des Gerichtes entzogen werden. Kann es aber Gläubigerautonomie geben, wenn gar nicht alle an den Entscheidungen beteiligt sind, denen sie zusteht? Nun ist aber gewissermaßen der Insolvenzverwalter das Zünglein an der Waage.[608] Der Insolvenzverwalter ist zwar weder ein Organ des Gerichtes noch darf er abhängig sein vom Willen der Gläubiger, sondern muss zum Besten aller Beteiligten das Verfahren leiten, jedoch ist es fraglich, ob ihm in diesen Fall eine so weitreichende Kompetenz einzuräumen ist. So räumt die Insolvenzordnung dem Verwalter auch sonst keine alleinige Entscheidungskompetenz ein, die sich über die Gläubigerautonomie stellt und ihm faktisch zum Herren des Verfahrens macht. So wird zum Teil auch die These aufgestellt, dass es dem Gesetzgeber gar nicht bewusst gewesen sei, welche Schlüsselstellung dem Insolvenzverwalter in dieser Situation zukomme.[609] Umso fraglicher ist aber, ob der Gesetztext in diesem Fall nicht einer Auslegung bedarf. Gerade in Hinblick auf die vom Gesetzgeber wohl bezweckte Stärkung der Gläubigerautonomie stellt sich somit die Frage, ob es nicht sinnvoller und auch gerechter wäre, wenn sich nur die stimmberechtigten Gläubiger und der Anmeldende einigen müssten. Generell kann man aber einräumen, dass die Beteiligung des Insolvenzverwalters durchaus sinnvoll ist, da er in den meisten Fällen über einen Informationsvorsprung gegenüber den Gläubigern verfügt. Als zweites Argument für die Gesetzesänderung wird die Entlastung der Gerichte ins Feld geführt. Doch kann die Entscheidungskompetenz wirklich vom Gericht auf den Insolvenzverwalter verschoben werden?

607 *Ehrike*, in: MünchKomm, InsO, § 77 Rn. 10.

608 Dritter Teil, 3. Kap., A.

609 *Ders.*, ebenda.

Kann dies darüber hinaus auch ausgerechnet noch im Namen der Gläubigerautonomie geschehen?

Besonders bedenklich wirkt diese Kompetenzverlagerung im Hinblick auf die Tatsache, dass die Gläubigerversammlung wiederum über das Schicksal des Insolvenzverwalters in der ersten Gläubigerversammlung entscheidet, § 58 InsO. Von entscheidender Bedeutung ist es nun aber, wer in einem solchen Fall sich über das Bestehen des betroffenen Stimmrechts wirklich einigt. Sind es nur die bereits stimmberechtigten Gläubiger und der Insolvenzverwalter, oder wird zusätzlich der Anmeldende miteinbezogen? Eine Auslegung des § 77 Abs. 2 S. 1 InsO bietet sich zur Klärung an.[610]

I. Auslegungsmethode

Nach *Larenz* existieren fünf Kriterien der Auslegung[611]: der Wortsinn, der Bedeutungszusammenhang des Gesetzes, die Regelungsabsicht, Zwecke und Normvorstellungen des historischen Gesetzgebers, die objektiv-teleologischen Kriterien sowie das Gebot der verfassungskonformen Auslegung.[612]

An diesem Kanon orientiert, wird die Reglung des § 77 Abs. 2 S. 1 InsO ausgelegt.

II. Wortlaut des Gesetzes

Der genaue Gesetzeswortlaut lautet wie folgt:

> *„(1) [1]Die Gläubiger, deren Forderungen bestritten werden, sind stimmberechtigt, soweit sich in der Gläubigerversammlung der Verwalter und die erschienenen stimmberechtigten Gläubiger über das Stimmrecht geeinigt haben. [2]Kommt es nicht zu einer Einigung, so entscheidet das Insolvenzgericht.“*

III. Wortsinn

1. Abschluss des Anmeldenden

Der Wortlaut des § 77 Abs. 2 S. 1 InsO spricht von einer Einigung zwischen dem Insolvenzverwalter und den in der Gläubigerversammlung erschienen stimmberechtigten Gläubigern. Der Anmeldende wird im Gesetzeswortlaut

---

610 Siehe in diesem Zusammenhang auch *Pawlowski*, DZWIR 2001, 46 et passim.

611 Im Gegensatz etwa zu *Savigny*, der zwischen dem grammatischen, logischen, historischen und systematischen Element der Auslegung unterscheidet, *Savigny*, System des heutigen Römischen Rechts, BD I. S. 212 ff.; zu dem umstrittenen Kanon der Auslegungskriterien siehe: *Alexy*, Theorie der juristischen Argumentation, S. 19 ff.

612 *Larenz*, Methodenlehre der Rechtswissenschaft, S. 307 ff.

nicht erwähnt; man könnte daraus schließen, dass er aus dem Einigungsprozess ausgeschlossen ist.[613] Praktische Konsequenz wäre es somit, dass nur der Insolvenzverwalter und die bereits stimmberechtigten Gläubiger sich darüber einigen, ob der anmeldende Gläubiger, dessen Forderung gegen den Schuldner bestritten wurde, doch noch stimmberechtigt ist oder nicht.

2. Ausschließliche Möglichkeit der positive Einigung

a) Positive Einigung

Ein völlig anderer Ansatz ist es, wenn man die Formulierung dahingehend versteht, dass an dieser Stelle lediglich eine „positive" Einigung der Berechtigten gemeint sein könnte. Das würde bedeuten, dass unter einer Einigung im Sinne dieser Vorschrift nur eine Einigung über die Gewährung des Stimmrechts und gegebenenfalls noch über den Umfang des Stimmrechts gemeint wäre. Eine Einigung über die *Verweigerung des Stimmrechts* wäre dann nicht möglich. Das negative Votum eines Beteiligten gegen die Gewährung des fraglichen Stimmrechts würde somit eine Einigung i. S. v. § 77 Abs. 2 S. 1 InsO verhindern.

b) Konsequenz für den Ausschluss des anmeldenden Gläubigers

Da eine positive Einigung über das Stimmrecht im Sinne des anmeldenden Gläubigers ist, käme seiner fehlenden Beteiligung am Einigungsverfahren keine große faktische Bedeutung mehr zu. Zwar wäre seine Forderung bestritten worden, aber durch das anschließend für ihn günstige Abstimmungsergebnis wäre er nicht in seinen Rechten auf Verfahrensteilnahme beschnitten worden. Käme es dagegen zu keiner Einigung, würde die Regelung des § 77 Abs. 2 S. 2 InsO greifen und das Insolvenzgericht würde über das Stimmrecht entscheiden.

c) Analyse

Es gilt zu prüfen, ob dieses Verständnis des Gesetzestextes tragfähig ist.

aa) Verhältnis zwischen Haupt- und Nebensatz

Im gekürzten Gesetzestext heißt es:

> *„Die Gläubiger (...) sind stimmberechtigt, soweit sich in der Gläubigerversammlung der Verwalter und die erschienenen stimmberechtigten Gläubiger(...) über das Stimmrecht geeinigt haben."*

Diese betroffenen Gläubiger, also diejenigen, deren Forderung bestritten wurde, sind stimmberechtigt, soweit sich die bereits Stimmberechtigten darüber geeinigt haben.

---

613 Vgl. *Kübler*, in: Kübler/Prütting/Bork, InsO, § 77 Rn. 16.

Im Hauptsatz wird die Aussage getroffen, dass es zu einer Stimmrechtserteilung komme, und zwar unter einer bestimmten Einschränkung. Der Restriktivsatz: „... *soweit sich in der Gläubigerversammlung der Verwalter und die erschienenen stimmberechtigten Gläubiger über das Stimmrecht geeinigt haben*" schränkt also den Umfang des im Hauptsatz genannten Geschehens ein. Das bedeutet zunächst nur, dass keine Stimmrechtsberechtigung vorliegt, wenn es zu keiner Einigung gekommen ist. Das ist eine völlig legitime Konsequenz und ein reiner Ausdruck der Gläubigerautonomie (klammert man das Stimmrecht des Insolvenzverwalters an dieser Stelle einmal aus). Fraglich ist, wie aus der Norm herauszulesen sei, dass es zu einer Einigung kommen könne, die besagt, dass dem anmeldenden Gläubiger kein Stimmrecht zustehe.

Entscheidend kann hier nicht das Verständnis der Konjunktion „*soweit*" sein.

Liest man den Restriktivsatz isoliert vom Hauptsatz, dann ist es diskutabel, die Norm so zu verstehen, dass sowohl eine „positive" als auch eine „negative" Einigung möglich ist. Aus der Formulierung „*über das Stimmrecht geeinigt haben*" könnte man schließen, dass die Einigung über das Stimmrecht in beide Richtungen, Gewährung und Versagung, denkbar ist.

Führt man aber Hauptsatz und Nebensatz in beiden Alternativen zusammen, ist nur *eine* Einigungsform sinnvoll. Würde man den Nebensatz ergänzen, käme in der „negativen" Alternative sinngemäß Folgendes heraus: Die Gläubiger sind stimmberechtigt in dem Fall, dass sich über die Verweigerung des Stimmrechts geeinigt wurde. Die Spannweite der Konjunktion „soweit" kann in diesem Fall nicht von der Verweigerung des Stimmrechts bis zur vollen Gewährung desselben gehen.

Unter „*soweit*" kann also nur die Gewährung von 1%–100% des Stimmrechts bedeuten.

Zusammenfassen lässt sich also sagen:

Der Hauptsatz trifft die sprachliche Aussage, dass die Gläubiger – auch die, deren Forderungen bestritten worden sind – stimmberechtigt sind.

Voraussetzung dafür ist aber die Einigung der im Restriktivsatz genannten Personen über das streitige Stimmrecht. Diese Einigung muss aber zumindest 1% Stimmrechtsgewährung beinhalten.

Mit dem Umkehrschluss:

Wenn sich die Berechtigten nicht geeinigt haben, dann sind die Anmeldenden auch nicht stimmberechtigt.

bb) Vorschläge für alternative Gesetzestexte

Wollte man beide Alternativen der Einigungsmöglichkeit offenhalten, so müsste der Gesetzestext etwa wie folgt formuliert sein:

Die Gläubiger sind stimmberechtigt oder nicht, soweit sich die bereits stimmberechtigten und in der Gläubigerversammlung erschienenen Gläubiger sowie der Insolvenzverwalter sich über das Stimmrecht geeinigt haben.

oder

Die bereits stimmberechtigten und in der Gläubigerversammlung erschienenen Gläubiger sowie der Insolvenzverwalter einigen sich darüber, ob dem Gläubiger, dessen Forderung bestritten wurde, ein Stimmrecht zuerkannt werden soll.

In der Formulierung „*ob*" kann beides herausgelesen werden.

Der Ob-Satz leitet eine indirekte Frage, die mit Ja oder Nein beantwortet werden kann. Also können sich die Berechtigten auch darüber einigen, dass dem Betroffenen kein Stimmrecht gewährt wird.

cc) Auslegung bei Widerrufsmöglichkeit der Stimmrechtsgewährung

Eickmann scheint indirekt auch nur eine positive Einigung für möglich zu halten. Seiner Meinung nach könne das einmal gewährte Stimmrecht einer zunächst strittigen Forderung widerrufen werden, da „*jede Abstimmung auf der durch das Einvernehmen der Erschienenen beruhenden Vertrauensbasis beruhen müsse*".[614] Käme es zu einem Entzug des Stimmrechts, solle dann gemäß § 77 Abs. 2 S. 2 InsO nach der gerichtlichen Festlegung verfahren werden.[615]

Einer gerichtlichen Feststellung des Stimmrechts würde es aber nicht bedürfen, weil die erschienenen Gläubiger das Stimmrecht nicht nur für die konkrete Abstimmung entziehen konnten, sondern auch die Berechtigung gehabt hätten, das Stimmrecht mittels Einigung darüber ganz zu entziehen.

dd) Zwischenergebnis

Schon die Auslegung nach dem Wortsinn lässt also die Einbeziehung des anmeldenden Gläubigers zu.

IV. Historisch

Die entsprechende Regelung unter der KO lautete:

„In Ansehung einer streitig gebliebenen Forderung wird bei der Prüfung mit den Parteien erörtert, ob und zu welchem Betrag ein bleibendes Stimmrecht für dieselbe zu gewähren ist. In Ermangelung einer Einigung entscheidet das Konkursgericht", § 95 Abs. 1 S. 2 und 3 KO.

---

614 *Eickmann*, in: Kreft, InsO, § 77 Rn. 11.

615 *Ders.*, ebenda.

Als Parteien wurden der Anmeldende und jeder Widersprechende angesehen.[616] Die Formulierung *„Parteien“* deutet ebenfalls an, dass es sich um eine Angelegenheit handelt, in welcher sich zwei Parteien waffengleich gegenüberstehen. Zwar wird noch der Begriff „Partei“ verwendet, der auf ein streitiges Rechtsverhältnis deutet, aber die Konkursordnung stellt eine klare Abkehr vom sog. Konkursprozess[617] dar. In der Insolvenzordnung wird der Begriff ganz vermieden.

In dem Fall einer mangelnden Einigung, die quasi einer Güteverhandlung entspricht, bedurften die Parteien einer Entscheidung durch das Konkursgericht über das „streitige“ Recht. Das Gesetz spricht auch in der KO von einer Einigung. Der dritte Satz bezieht sich klar auf den zweiten, der sowohl die Gewährung als auch die Verweigerung des Stimmrechts vorsieht.

Dies wird in der Formulierung *„ob (...) ein Stimmrecht (...) zu gewähren ist“* deutlich. Die Einigung, die im dritten Satz angesprochen wird, ist also sowohl im „positiven“ als auch im „negativen“ Sinne denkbar. An dieser Stelle stellte eine „negative“ Einigung auch keinen Eingriff in das Recht des Anmeldenden dar, weil dieser in den Einigungsprozess einbezogen war. Wenn es zu einer „negativen“ Einigung gekommen wäre, hätte das nur bedeutet, dass der Anmeldende freiwillig auf sein Recht verzichtet hätte. Hätte der Anmeldende gegen den Willen der Widersprechenden auf sein Stimmrecht beharrt, wäre es in jedem Fall zu einer Entscheidung des Konkursgerichts gekommen.

In diesem Kontext ist *Smid* vollends zuzustimmen, der in der Formulierung der heutigen Regelung des § 77 Abs. 2 S. 1 InsO ein Redaktionsversehen sieht.[618] Es ist anzunehmen, dass im Entwicklungsprozess der Neuformulierung dieser Punkt nicht bedacht wurde. Hinzu kommt, das die Insolvenzordnung ein zusammengesetztes Produkt aus Konkursordnung und Vergleichsordnung ist.

In der entsprechenden Regelung der Vergleichsordnung heißt es dazu:

„Wird die Forderung bestritten und einigen sich der Schuldner und der Vergleichsverwalter und die im Termin erschienen Vergleichsgläubiger nicht über die Gewährung des Stimmrechts, so entscheidet das Gericht.“

In Anlehnung an die Vorschrift der Vergleichsordnung wurde der Insolvenzverwalter in das Einigungsverfahren einbezogen. Der Schuldner wurde jedoch nicht mehr in dem Einigungsprozess berücksichtigt. Unter der Vergleichsordnung wurde dem vertrauenswürdigen Schuldner die Möglichkeit eingeräumt,

---

616 *Siehe Kilger/K. Schmidt*, KO/VglO/GesO, § 95.

617 Vgl. *Oetker*, S. 13 ff.

618 *Smid*, in: Leonhard/Smid/Zeuner, InsO, § 77 Rn. 6.

den Konkurs doch noch von sich abzuwenden – ähnlich wie es heute im Rahmen der Eigenverwaltung üblich ist. Dem Schuldner wurde gerade nicht wie heute durch § 80 InsO die Verfügungs- und Verwaltungsbefugnis entzogen. Im Gegensatz zur Konkursordnung wurde durch die ausdrückliche Erwähnung aller bereits stimmberechtigten Gläubiger die Betonung auf materielle Betroffenheit gelegt. Entscheidungsbefugt sollen diejenigen sein, die es auch (finanziell) betrifft. Es scheint aber eher so, dass die übrigen Gläubiger, die in der Versammlung erschienen sind, von der Entscheidung über das Stimmrecht ausgeschlossen werden sollten als derjenige, über dessen Forderung gerade entschieden wird, und es sich somit um eine Formulierungsungenauigkeit bei der Verschmelzung von Konkurs- und Vergleichsordnung handelt.

V. Systematisch

Die Vorschriften der Insolvenzordnung dürfen sich nicht gegenseitig widersprechen, so muss ein Rechtssatz im gesetzlichen Zusammenhang gesehen werden.[619] Dazu gehört auch der Grundsatz der Gläubigergleichbehandlung.

In den Motiven zur Konkursordnung aus dem Jahre 1877 wird der Gleichbehandlungsgrundsatz mit folgenden Worten beschrieben:

> *„Jede noch so gute Vorrechtsordnung ist ein Übel, je feiner ersonnen, je mehr abgestuft und ausgebildet, ein desto schlimmeres Übel (…) Die Beseitigung aller Vorrechte muss das Ziel sein, welches die Gesetzgebung nicht aus den Augen verlieren darf.“*[620]

In diesem Zusammenhang stellt sich die Frage, woher das erste Stimmrecht eines Gläubigers kommt. Wenn noch kein Gläubiger ein Stimmrecht besitzt, dann kann nur der Insolvenzverwalter entscheiden. Wenn der Insolvenzverwalter nun die erste Forderung bestreitet, dann kann nicht wieder nur der Insolvenzverwalter sich mit sich selbst einigen, ob das Stimmrecht doch zu gewähren sei. Zum einen würde das keine Einigung im eigentlichen Sinne darstellen und zum anderen stünde es der Gläubigerautonomie entgegen. Es entspricht also ebenfalls der Systematik der Insolvenzordnung, wenn der Insolvenzverwalter sich mit dem Gläubiger, der seine Forderung angemeldet hat, einigt.

VI. Teleologisch

Zu prüfen ist, welcher gesetzgeberische Sinn hinter der Regelung des § 77 Abs. 2 S. 1 InsO steckt.

---

619 *Horn*, S. 123 Rn. 180.

620 *Hahn*, Die gesamten Materialien zur Konkursordnung, S. 238.

In erster Linie dienen alle Vorschriften der Insolvenzordnung der bestmöglichen Befriedigung aller Gläubiger.[621] Damit geht das Streben nach einer Verfahrenseffizienz einher, da das Volumen der Masse abnehmen kann, wenn nicht schnell gehandelt wird.[622] Also das Wohl aller geht dem Wohl des Einzelnen vor.

Die Vorschrift des § 77 Abs. 2 S. 1 InsO ist allerdings auch reinster Ausdruck der Gläubigerautonomie, da die Gläubiger sich *vorrangig* über bestrittene Forderungen einigen sollen.[623] Die Gläubigerautonomie genießt im Rahmen dieser Vorschrift auch den *Vorrang*.

VII. Verfassungskonforme Auslegung

Mit Eröffnung des Insolvenzverfahrens werden alle Gläubiger zu einer Art Zwangszusammenschluss verbunden.[624] Die ausstehenden Forderungen der einzelnen Gläubiger stellen eine schutzfähige Position i. S. v. Art. 14 Abs. 1 GG dar.[625] Durch das Verbot der Einzelvollstreckung (§ 89 Abs. 1 InsO) greift der Staat in das Eigentum des einzelnen Gläubigers ein.[626] Dies ist jedoch im Hinblick auf eine gleichmäßige Verteilung an alle Gläubiger, soziale Erwägungen und den Schutz des Rechtsfriedens verhältnismäßig. Problematisch erscheinen aber die Mehrheitsentscheidungen stimmberechtigter Gläubiger, durch welche ebenfalls in Eigentumsrechte anderer Gläubiger eingegriffen werden kann.[627] Zunächst ist die Frage zu klären, ob man sich in diesem Zusammenhang als betroffener Gläubiger auf Grundrechte berufen kann. Grundrechte dienen in ihrer Funktion als Abwehrrechte in erster Linie dem Schutz gegen Eingriffe von staatlicher Seite.[628] Wenn der Staat aber die Befugnis zum Eingriff in die Grundrechte anderer sozusagen erteilt hat, dann muss es auch eine Möglichkeit geben, den Staat in die Pflicht zum Schutz gegen solche Eingriffe zu nehmen, wenn sie nicht hinnehmbar sind. Diese Konstellation wird als Drittwirkung von Grundrechten bezeichnet.[629] Ein Minderheitenschutz ist somit unumgänglich. Fakt ist jedoch, dass damit ein Wechselwirkungsprinzip besteht. Die Gläubigerautonomie

621 Vgl. Fn. 35.

622 Vgl. Fn. 95.

623 Ohne Mitwirkung des Anmeldenden aber nur auf den ersten Blick: *Smid*, in: Leonhard/Smid/Zeuner, InsO, § 77 Rn. 7.

624 *Neumann*, S. 239.

625 *Jarass*, in: Jarass/Pieroth, GG, Art. 14 Rn. 8.

626 *Reischl*, § 6 V 2.

627 *Gerhardt*, ZRP 1987, S. 165.

628 *Epping*, Kap. 1 Rn. 14.

629 *Hufen*, § 7 Rn. 8 ff.

gebietet ein Mehrheitsentscheidungssystem, das den Minderheitenschutz in Frage stellt. Der gerichtliche Schutz der Minderheiten höhlt wiederum die Gläubigerautonomie aus.

Man könnte nun die Auffassung vertreten, dass die Mehrheitsentscheidungen der Gläubiger sich nur darauf beziehen dürften, was ihrer Befriedigung dient,[630] also z.B. die Entscheidungen über das weitere Vorgehen bezüglich des insolventen Unternehmens des Schuldners. Diese Abgrenzung erweist sich aber als unscharf. Denn auch die Frage, ob einem Gläubiger eine Forderung und damit auch ein Stimmrecht zusteht, beeinflusst indirekt die mögliche Befriedigungsquote aller Gläubiger. Umso wichtiger ist somit ein ausgewogenes Gleichgewicht zwischen Gläubigerautonomie, gerichtlicher Kontrolle und Minderheitenschutz mit entsprechend ausreichenden Schutzmechanismen.

Versteht man den § 77 Abs. 2 S. 1 InsO dahingehend, dass die stimmberechtigten Gläubiger und der Insolvenzverwalter sich darüber einigen können, dem anmeldenden Gläubiger ein Stimmrecht zu versagen, nähme man dem betroffenen Gläubiger die Möglichkeit, sich vor dem Insolvenzgericht zu seiner Sache zu äußern.

Dadurch würde der anmeldende Gläubiger seines Anspruchs auf rechtliches Gehör beraubt.[631]

VIII. Zwischenergebnis

Eine Einigung i. S. v. § 77 Abs. 2 S. 1 InsO ohne Beteiligung des anmeldenden Gläubigers scheidet also nach der Auslegung der Norm aus.

Der Einigung kommt somit ein Mediationscharakter zu, der alle Beteiligten des Forderungsstreits einschließt.

4. Kapitel: Gerichtliche Stimmrechtsfestsetzung nach § 77 Abs. 2 S. 2 InsO[632]

A. Voraussetzungen

Wird eine Forderung von einem bereits stimmberechtigten Gläubiger oder vom Insolvenzverwalter bestritten, muss es entweder zu einer Einigung dieser

---

630 *Neumann*, S. 241.

631 Vgl. Zweiter Teil, 2. Kap., B IV 3.

632 Siehe zu diesem Thema die ausführliche Darstellung von *Freesen*, Rechtsweggarantie und Insolvenzrecht – Zum Rechtsschutz im Insolvenzverfahren.

Personen (bzw. ebenfalls mit dem Anmeldenden selbst) kommen, oder das Insolvenzgericht setzt das Stimmrecht fest, § 77 Abs. 2 S. 2 InsO.

B. Unanfechtbarkeit

Die Insolvenzordnung sieht keine Regelung zur Anfechtung gerichtlicher Entscheidungen vor, so dass dies gemäß § 6 Abs. 1 InsO nicht möglich ist. Dies gilt gemäß § 11 Abs. 3 S. 2 RPflG auch für die Erinnerung gegen die Entscheidung eines Rechtspflegers.

C. Änderung der Stimmrechtsgewährung

Die Änderungsmöglichkeit des § 77 Abs. 2 S. 3 InsO federt die Konsequenzen der Unanfechtbarkeit der Stimmrechtsentscheidung ein wenig ab.[633]

I. Antragsberechtigung

Das Gesetz spricht „von einem in der Gläubigerversammlung erschienenen Gläubiger", so dass der Antrag unzulässig ist, wenn der Antragsteller nicht an der Versammlung teilgenommen hat.[634]

II. Zeitpunkt der Antragsstellung

Die Feststellung über das Stimmrechtsrechts wird für die jeweils anstehende Gläubigerversammlung vom Gericht[635] getroffen. Das Gesetz unterscheidet nicht mehr zwischen dem bleibenden Stimmrecht und jenem, das für jede einzelne Versammlung neu zu bestimmen ist.[636] Erfolgt jedoch keine abändernde Entscheidung über das Stimmrecht, so wirkt die einmal getroffene Entscheidung im Zweifel auch für die weiteren Gläubigerversammlungen fort.[637]

D. Summarische Prüfung

Zur Festsetzung des Stimmrechtes nimmt das Gericht eine kursorische Prüfung vor und entscheidet nach pflichtgemäßem Ermessen.[638] Es bedient sich dabei

---

633 *Kübler*, in: Kübler/Prütting/Bork, InsO, § 77 Rn. 24.

634 AG Duisburg, Beschl. v. 27.03.2003 – 62 IN 187/02, NZI 2003, 447.

635 Meist der verfahrensleitende Rechtspfleger, nur in Ausnahmefällen ein Richter gemäß § 18 Abs. 2 RPflG, siehe: *Kind*, in FK-InsO, § 77 Rn. 12.

636 *Eickmann*, in: Kreft, InsO, § 77 Rn. 11.

637 AG Göttingen, Beschl. v. 16.11.1999 – 71 K 2/98, ZInsO 2000, 50.

638 *Kübler*, in: Kübler/Prütting/Bork, InsO, § 77 Rn. 18.

aller zur Verfügung stehenden Mittel wie der Gerichtsakten, der Anmeldeunterlagen, präsenter Beweismittel i. S. v. § 294 ZPO, des Vortrags des Gläubigers und des Insolvenzverwalters.[639]

Kübler verweist hierzu in erster Linie auf die Motive zur Konkursordnung von 1877.[640]

Smid differenziert zu Recht zwischen Konkursordnung und geltender Insolvenzordnung.[641] Er lässt es offen, ob das Gericht unter der Konkursordnung im Hinblick auf die da schon mögliche Festsetzung der Stimmrechte freies Ermessen hatte. In Bezug auf die Insolvenzordnung weist er auf das Insolvenzplanverfahren hin, das weite Gestaltungsmöglichen der Gläubiger eröffnet und somit das Ermessen des Gerichts einschränkt. *Smid* unterscheidet hier zwischen der Frage, *ob* und *in welcher Höhe* ein Stimmrecht festgesetzt wird.[642] Es dürfe auch nicht vergessen werden, dass es sich um ein summarisches Verfahren handele.[643] Der Richter nimmt also weder eine exakte Prüfung des Antrags auf Eröffnung des Insolvenzverfahrens[644] noch eine solche des Vorliegens einer bestrittenen Forderung in der Art vor, wie es in einen Feststellungsverfahren der Fall wäre.

Laut *Smid* hat der Rechtspfleger das Stimmrecht trotz Bestreitens zu erteilen, wenn der Gläubiger durch einen Titel legitimiert ist (arg. § 179 Abs. 2 InsO).[645] Einer zwar nicht titulierten aber durch Vorlage von Urkunden (§§ 415 ff. ZPO) glaubhaft (§ 294 ZPO i. V. m. § 4 InsO) gemachte Forderung, die bestritten wurde, darf das Stimmrecht nicht versagt werden und muss in voller Höhe erteilt werden.[646] Nur eine Forderung die evident nicht besteht, begründe keine Stimmrechte.[647]

Das Gericht darf jedoch auch nicht überfordert werden.[648] Evidente Fälle einer unbegründeten Forderungsanmeldung kann das Gericht ohne Mühe feststellen. Problematisch sind jedoch die Grenzfälle. *Ehrike* sieht in nicht allzu starren Kriterien einen klaren Vorteil, um dem Einzelfall gerecht zu werden.[649]

---

639 *Preß*, in: Hamburger Kommentar, InsO, § 77 Rn. 8.
640 Siehe Fn. 39 bei *Kübler*, in: Kübler/Prüttig/Bork, InsO, § 77 Rn. 18.
641 *Smid*, Handbuch Insolvenzrecht, § 30 Rn. 23.
642 *Ders.* ebenda.
643 *Smid*, Handbuch Insolvenzrecht, § 30 Rn. 23.
644 *Smid/Leonhardt*, in: Leonhardt/Smid/Zeuner, InsO, § 5 Rn. 5.
645 *Smid*, Handbuch Insolvenzrecht, § 30 Rn. 23.
646 *Ders.*, ebenda.
647 *Ders.*, ebenda.
648 Vgl. 2. Teil, C. S. 26 f.
649 *Ehrike,* in: MünchKomm, InsO, § 78 Rn. 17.

Hier wird aber der Umstand nicht gewürdigt, dass es sich um ein summarisches Verfahren handelt. Es wird auch nicht berücksichtigt, dass das Insolvenzgericht mit einer Amtshaftung nach § 839 BGB rechnen muss, wenn die Befriedigung der Forderung niedriger ausfällt, als es mit einer entsprechenden Beteiligung des betroffenen Gläubigers gekommen wäre. Der Entscheidungsspielraum des Gerichts ist auch im Rahmen von § 78 InsO begrenzt.[650]

Damit soll eine Rechtsunsicherheit bezüglich der Beschlüsse der Gläubigerversammlung verhindert werden.[651] Das Insolvenzverfahren ist in allen Phasen zum Wohle der bestmöglichen Befriedigung der Gläubiger zügig abzuwickeln.[652] Die Abkehr vom früheren Konkursprozess beschleunigte das Verfahren, hatte aber zur Folge, dass eine Rechtserkenntnis nur noch ansatzweise stattfindet.[653] Das Verfahren kann nicht durch eine umfangreiche Prüfung einzelner streitiger Punkte gestoppt werden. Aus diesem Grund sind auch die Rechtsmittel reglementiert. Das Insolvenzverfahren ist Teil der freiwilligen Gerichtsbarkeit.[654] Die richterliche Tätigkeit ist ein administratives Handeln und kein Akt der Rechtsprechung. Das Gesetz gibt keine Vorgaben, woran das Gericht sich bei seiner Entscheidung orientieren soll.

Damit liegt die Festsetzung des Stimmrechts im Ermessen des Gerichts. Der Umfang dieses Ermessens ist allerdings umstritten. Zum Teil wird in der Literatur vertreten, das Gericht habe bei der Festsetzung der Stimmrechte „freies Ermessen".[655] *Delhaes* führt dazu aus, dass die Stimmrechtsentscheidung des Gerichts nach freiem Ermessen gefällt werden dürfe, aber eine Begründung verlange, die verdeutlicht, dass keine willkürliche Entscheidung vorliegt. *Delhaes* legt einen stattgebenden Kammerbeschluss des Bundesverfassungsgerichts seinen Überlegungen zugrunde. Darin wurde eine Verletzung rechtlichen Gehörs der Beschwerdeführer durch das Insolvenzgericht erkannt. *Delhaes* zieht nun wohl aus dieser Entscheidung des Bundesverfassungsgerichts den Umkehrschluss, das Ermessen des Insolvenzgerichts müsse nur erkennen lassen, dass der Vortrag der Beteiligten ausreichend zur Kenntnis genommen worden sei, darüber hinaus sei das Gericht jedoch frei. Seiner Aufgabe als Hüterin der Verfassung

---

650 *Pape*, ZInsO 2000, 479.

651 *Ehrike,* in: MünchKomm, InsO, § 78 Rn. 17.

652 BGH, Beschl. v. 27.07.2006 – IX ZB 15/06 – NZI 2006, 642; *Ganter*, in: MünchKomm, InsO, § 4 Rn. 15.

653 *Vollmershausen*, S. 287.

654 Vgl. Dritter Teil 2. Kap., D.

655 *Delhaes*, in: Nerlich/Römermann, § 77 Rn. 4, Vgl. *Smid*, in: Leonhard/Smid/Zeuner, InsO, § 77 Rn. 9.

gemäß befasst sich das Bundesverfassungsgericht mit der Grundrechtsrüge der Beschwerdeführer. Zu Recht wird ein Verstoß gegen Art. 103 Abs. 1 GG erkannt, wenn ein Gericht in seinen Entscheidungsgründen nicht auf den Kern des Beteiligtenvortrags eingeht. Das Bundesverfassungsgericht hat somit den Grundrechten entsprechend eine Einschränkung des gerichtlichen Ermessens festgestellt. Es lässt sich so nicht der Umkehrschluss ziehen, das wäre die einzige Ermessensschranke. Das Insolvenzrecht lässt sich nicht nur über die Grundrechte definieren. Diese sind lediglich der Mindeststandard, der nur in besonderen Fällen nicht gelte.

In die Frage, welche Grenzen dem Ermessen des Gerichts gesetzt sind, müssen weitere verfahrenstypische Erwägungen einbezogen werden. Insbesondere das im Insolvenzrecht vorherrschende Prinzip der Gläubigerautonomie und der Grundsatz der Gläubigergleichbehandlung sind hier zu nennen.

E. Rechtsschutz

Ebenfalls besondere Aufmerksamkeit verdient der Rechtsschutz gegen die gerichtliche Stimmrechtsfestsetzung. In diesem Zusammenhang wurde aber meist nur einseitig auf den Gesetzestext verwiesen.[656]

I. Statthaftigkeit der Beschwerde im Insolvenzverfahren

Gemäß dem Wortlaut des § 6 Abs. 1 InsO ist die sofortige Beschwerde nur in den im Gesetz vorgesehenen Fällen statthaft.[657] Auch eine Erweiterung der Rechtsbehelfe über den Verweis des § 4 Abs. 1 InsO ist nicht zulässig.[658] Mangels ausdrücklicher gesetzlicher Regelung sind Stimmrechtsentscheidungen über bestrittene Forderungen somit nicht anfechtbar.[659] Die fehlende Möglichkeit der Anfechtung der durch das Insolvenzgericht getroffenen Stimmrechtsentscheidung beschreibt das Spannungsverhältnis zwischen Gläubigerautonomie und

656 So auch *Eckhardt* im Rahmen der damaligen Gesamtvollstreckungsverfahren nach GesO, der eine Anfechtbarkeit von Stimmrechtsentscheidungen ablehnt, BezG Magdeburg EWiR § 15 GesO 1/92, 53 f.; *Pape* nannte die *„abweichende und so wahrscheinlich nicht einmal gewollte“* Abweichung in der GesO einen „Fortschritt“, BezG Leipzig EWiR § 15 GesO 2/92, 1198.

657 Beispiele für fehlende Staathaftigkeit: *Smid/Leonhardt*, in: Leonhardt/Smid/Zeuner, InsO, § 6 Rn. 12.

658 BGH, Beschl. v. 04.03.2004 – IX ZB 133/03 – ZIP 2004, 915; *Smid*, DZWIR 2004, 265, 283.

659 Zu den einzelnen nicht anfechtbaren Entscheidungen des Insolvenzgerichtes vgl. *Smid/Leonhardt*, in: Leonhardt/Smid/Zeuner, InsO, § 6 Rn. 12.

Richtermacht eindrucksvoll. Es stellt sich somit die Frage, ob die Gläubigerautonomie an dieser Stelle das Nachsehen hat.

II. De lege lata

Der Wortlaut des Gesetzes beantwortet diese Fragestellung zunächst eindeutig zu Ungunsten der Gläubigerautonomie. Als Grund ist klar das Beschleunigungsgebot zu nennen. Die im Insolvenzverfahren zu fällenden Entscheidungen sind stets als dringlich einzustufen. Dies liegt im Interesse aller am Verfahren Beteiligten. Ein infiniter Rechtschutz stünde diesem Ziel entgegen.

III. Orientierung an vorkonstitutionellen Entscheidungen

Zur Klärung der Frage, ob die gerichtliche Stimmrechtsfestsetzung anfechtbar sein solle, wird häufig auf die Konkursordnung verwiesen.[660]

Der Wortlaut § 95 KO schloss die Anfechtung aus. In den Motiven zur Konkursordnung wird dazu sogar geäußert, dass eine Anfechtung in diesem Fall ausgeschlossen sei, da die Natur einer solchen Entscheidung *arbiträr* sei.[661]

Der Ausschluss einer Anfechtungsmöglichkeit findet also unter dem Hinweis statt, dass die infrage stehende Entscheidung willkürlich getroffen worden sei – ein Gedanke, welcher dem heutigen rechtsstaatlichen Grundverständnis völlig fremd ist.[662] Der Bürger soll gerade vor Willkürentscheidungen des Staates geschützt werden, Art. 103 GG.[663] Es wird somit mehr als hinreichend deutlich, dass ein schlichter Verweis auf die Konkursordnung nicht ausreicht. Die Konkursordnung stellt ein vorkonstitutionelles Gesetz dar, in welchem die heutigen verfassungsrechtlich verbürgten Grundrechtsgarantien noch nicht berücksichtigt werden konnten.[664]

IV. Rechtsmittel

Der § 6 InsO gilt nur für den Fall, dass das Insolvenzgericht sich im Rahmen der geltenden Gesetze bewegt. Verstößt das Insolvenzrecht gegen Gesetze und liegt darin ein Grundrechtsverstoß zu Lasten des betroffenen Gläubigers vor, ist der Rechtsweg gemäß Art. 19 IV GG eröffnet.

---

660 *Kübler*, in: Kübler/Prütting/Bork, InsO, § 77 Rn. 22.

661 Drucks. Reichstag, Nr. 200, S. 299.

662 Vgl. etwa *Zippelius*, Recht und Gerechtigkeit in der offenen Gesellschaft, 1994, Kap. 23.

663 Vgl. *Schmid-Aßmann*, in: Maunz/Dürig, GG, Art. 103 Rn. 11.

664 *Smid*, KTS 1993, 6.

1. Erinnerung gemäß § 11 Abs. 2 RPflG

Soweit die Insolvenzordnung keine Beschwerde zulässt, ist die Erinnerung gemäß § 11 Abs. 2 RPflG gegen Entscheidungen des Rechtspflegers statthaft.

2. Sofortige Beschwerde gemäß § 569 Abs. 1 ZPO i. V. m. § 4 InsO

Die sofortige Beschwerde wird gemäß § 569 Abs. 1 ZPO i. V. m. § 4 InsO beim Insolvenzgericht oder beim Beschwerdegericht eingelegt.[665] Sie kann auch auf neue Beweise und Tatsachen gestützt werden, § 571 Abs. 2 ZPO.[666] Das Insolvenzgericht kann ihr gemäß § 572 ZPO abhelfen.

3. Mittel gegen die Untätigkeit des Gerichts

Bleibt das Insolvenzgericht untätig, werden in der Literatur verschiedene Wege diskutiert, um sich dagegen zu wehren.[667] Im Raum stehen die sog. Untätigkeitsbeschwerde[668], die an die verwaltungsrechtliche Untätigkeitsklage angelehnt ist, und die Dienstaufsichtsbeschwerde nach § 26 DRiG. Aufgrund der strukturellen Parteilichkeit des Insolvenzrichters könnte man bei der Untätigkeit des Richters von dessen

Befangenheit ausgehen, so dass die Regelung des § 42 ZPO entsprechend anwendbar sein könnte und der Richter aufgrund von Befangenheit abzulehnen wäre.[669]

V. De lege ferenda

Schon unter der Konkursordnung wurde in der Literatur zum Teil die Auffassung vertreten, dass die Stimmrechtsentscheidung des Gerichts zwar unanfechtbar, aber nicht unabänderbar sei. So könne die Unrichtigkeit des gerichtlichen Beschlusses nach § 95 KO in einem späteren Rechtsstreit geltend gemacht werden.[670]

Das Insolvenzverfahren darf kein rechtsfreier Raum sein. Es muss Wege geben, sich gegen eine unrechtmäßige Entscheidung oder Untätigkeit des Gerichts

665 Unter gewissen Voraussetzungen kann die Beschwerde auch zu Protokoll der Geschäftsstelle eingelegt werden, § 569 Abs. 3 ZPO.

666 *Ball*, in: Musielak, § 571 Rn. 3.

667 Vgl. etwa *Freesen*, S. 39 f.

668 *Kissel*, ZZP 69, 19.

669 *Häsemeyer*, in: Festschrift für Michaelis, Erzwingung richterlicher Entscheidungen, S. 134 ff.

670 *Klinger/K. Schmidt*, § 95 KO.

zu wehren.[671] Allgemein ausgedrückt: Wenn eine insolvenzgerichtliche Entscheidung nicht vom Gesetz gedeckt ist, dann muss der Betroffene sich im Rechtswege dagegen wehren können.[672]

Eine Anfechtung der gerichtlichen Stimmrechtsentscheidungen durch die Gläubiger muss jedoch aus Zweckmäßigkeitsgründen ausscheiden.

Das Verfahren bedarf möglichst schneller Entscheidungen. Dies gilt umso mehr im Insolvenzplanverfahren. Um mögliche Investoren zu halten, wird der Plan dem Gericht schon vor Eröffnungsbeschluss vorgelegt, damit die Entscheidung über die Stimmrechte nach §§ 237, 238 InsO nicht dazu führt, dass die Zeitrahmen der §§ 28 Abs. 1 Satz 2, 29 Abs. 1 Nr. 2 InsO gänzlich in Anspruch genommen werden muss. [673]

De lege ferenda wird es eine Anfechtungsmöglichkeit der gerichtlichen Stimmrechtsentscheidungen sicherlich nicht geschaffen werden. Die Option einer Anfechtung würde das Beschleunigungsgebot unterwandern und letztlich den Verfahrenszweck der bestmöglichen Gläubigerbefriedigung gefährden. Eine solche Gesetzesänderung wäre unter keinen Umständen mehrheitsfähig.

5. Kapitel: Ausblick

Mit der letzten Gesetzesänderung[674] ist der Fortentwicklungsprozess des Insolvenzrechts mit Sicherheit noch nicht abgeschlossen.

Das liegt nicht zuletzt an den Erwartungen, die gemeinhin an Insolvenzverfahren geknüpft werden, so dass ständig nach Verbesserungsmöglichkeiten gesucht wird.

Im Rahmen des im Jahr 2012 zum ersten Mal veranstalteten Deutschen Gläubigerkongresses wurden weitere Verbesserungsvorschläge erarbeitet.[675] Unter anderem wird gefordert, die Stimmrechte der gesicherten Gläubiger zumindest auf den Ausfall zu beschränken.[676]

---

671 Vgl. Dritter Teil, 4. Kap., E IV.

672 *Smid*, Handbuch Insolvenzrecht, § 29 Rn. 35.

673 *Smid*, Handbuch Insolvenzrecht, § 39 Rn. 50.

674 BGBl. 2013, Teil I Nr. 38, S. 2379.

675 http://glaeubigerkongress.com/entschliessung-zum-1-deutschen-glaubigerkongress (Abrufdatum: 02.05.2013).

676 Also ein „Rückschritt" hin zur Rechtslage unter der Konkursordnung, vgl. *Kilger/ K. Schmidt*, KO, § 96 Rn. 1.

Zudem dürfte auch das Ziel, die in der Insolvenzordnung verankerte Gläubigerautonomie auch in der praktischen Umsetzung effektiv zu stärken, noch nicht ausreichend erreicht sein.[677]

Es bleibt außerdem abzuwarten, ob sich die Verkürzung des Restschuldbefreiungsverfahrens als sinnvoll erweist.[678]

677 Vgl. Fn. 3.

678 Vgl. Zweiter Teil, 4. Kap., C III 3.

Schlussbetrachtung

Stimmrechte spielen als Instrument der aktiven Teilnahme der Gläubiger am Insolvenzverfahren eine herausragende Rolle.

Vergegenwärtigt man sich die Systematik des Insolvenzverfahrens, ist dieses Ergebnis nahezu evident. Der Gesetzgeber hat sich klar für das verfahrensrechtliche Modell der Gläubigerselbstherrschaft entschieden, obwohl ihm andere Optionen – etwa nach dem Vorbild Frankreichs[679] – offengestanden hätten.

Die Gesetzesreformen, die den Gläubigereinfluss stärken sollen[680], sind daher *„eine Rückbesinnung auf die wesentlichen Leitvorstellungen der Insolvenzordnung“*.[681]

Die Durchsetzung dieser Gläubigerselbstverwaltung verlangt notwendigerweise nach einem geeigneten Werkzeug. Dieses ist in den Stimmrechten zu sehen.

Bevor jedoch Entscheidungen von den Gläubigern mittels Stimmrechten getroffen werden können, müssen jene zunächst vergeben werden.

Hierbei ist von Gläubigerseite die ordnungsgemäße Forderungsanmeldung entscheidend, da eine materielle Berechtigung des Gläubigers dafür allein nicht ausreicht.

Die Gewährung des Stimmrechts hängt außerdem davon ab, dass die angemeldete Forderung von den bereits stimmberechtigten Gläubigern und dem Insolvenzverwalter akzeptiert wird. Ist dies nicht der Fall und die Forderung wird bestritten, soll zunächst gemäß § 77 Abs. 2. S. 1 InsO eine Einigung darüber erzielt werden, um der Gläubigerautonomie im Verfahren gerecht zu werden.

Die Norm des § 77 Abs. 2 S. 1 InsO muss dabei so ausgelegt werden, dass der anmeldende Gläubiger in den Einigungsprozess einbezogen wird.

Kommt es zu keiner Einigung, wird der anmeldende Gläubiger so wenigstens vom Insolvenzgericht in seiner Sache angehört. Damit wird auch dem Anspruch des betroffenen Gläubigers auf Gewährung rechtlichen Gehörs gemäß Art. 103 Abs. 1 GG Genüge getan.

---

679 Vgl. Fn. 450.

680 Vgl. Zweiter Teil 4. Kap., C III 3.

681 *Wimmer*, S. 14.

Die höchstrichterliche Rechtsprechung kann von der Gegenauffassung[682] auch nicht als zwingendes Argument herangezogen werden, denn die Äußerung des BVerfG[683] zum Thema Stimmrechte im Kontext des Art. 103 Abs. 1 GG erfolgte lediglich als ein Nichtannahmebeschluss gemäß § 93b BVerfGG, dem keine Gesetzeskraft nach § 31 BVerfGG zukommt.[684]

Um eine Versagung des Stimmrechtes aufgrund eines fälschlichen oder gar missbräuchlichen Bestreitens von Forderungen zu verhindern, muss das Insolvenzgericht in seiner ordnenden Funktion die Forderung prüfen.

Schlagworte wie *Verfahrenseffizienz*[685] oder *mangelndes Gläubigerinteresse am Verfahren*[686] können nicht darüber hinwegtäuschen, dass die Entscheidungskompetenz bei den Gläubigern liegt und ihnen Stimmrechte somit nicht leichthin verweigert werden dürfen.

Trotzdem lässt sich nicht leugnen, dass im Insolvenzverfahren ein besonderer Zeitdruck herrscht und es sich um ein summarisches Verfahren[687] handelt. Aufgrund der gebotenen Eile, insbesondere im Insolvenzplanverfahren, werden sich Fehler bei der Stimmvergabe kaum vermeiden lassen, da keine exakte Prüfung durch das Gericht erfolgen kann.[688] So kann es vorkommen, dass einem Nichtberechtigten ein Stimmrecht gewährt wird, während es einem Berechtigten verwehrt bleibt. In Anbetracht der Tatsache, dass im Fall der Vergabe eines Stimmrechts an einen Nichtberechtigten dieser sein Stimmrecht nur in einer Mehrheitsentscheidung einbringen kann, einem potentiell Stimmberechtigter aber sein Recht auf aktive Beteiligung genommen wird, wenn er kein Stimmrecht erhält, sollte im Zweifel bei der Stimmrechtsvergabe *pro creditore*[689] entschieden werden.

Stimmrechte sollten nur versagt werden, wenn sie unter keinem rechtlichen Gesichtspunkt in Betracht kommen.[690]

Werden die Stimmrechte stärker aus einer materiellen Perspektive heraus vergeben[691], minimiert dies auch die Streitigkeiten außerhalb des Verfahrens.

---

682 Etwa *Kübler*, in: Kübler/Prütting/Bork, InsO, § 77 Rn. 16.

683 BVerfG, stattgebender Kammerbeschl. v. 04.08.2004, 1 BvR 698/03, 1 BvR 699/03, 1 BvR 700/03, 1 BvR 701/03, Rn. 19; vgl. auch BVerfGE 83, 24, 35.

684 Vgl. Erster Teil, 2. Kap., C II 4 f.

685 Vgl. Fn. 21.

686 Erster Teil, 1. Kap., A IX.

687 *Smid*, Handbuch Insolvenzrecht, § 30 Rn. 30.

688 *Ders.*, Handbuch Insolvenzrecht, § 30 Rn. 30 f.

689 Vgl. Zweiter Teil, 2. Kap. F II.

690 *Ders.*, Handbuch, Insolvenzrecht § 30 Rn. 30.

691 *Ders.*, ebenda.

Literaturverzeichnis

Adam, Roman F.: Insolvenzrecht und Grundgesetz, DZWIR 2009, S. 441–450.

Ahrens, Martin: Gläubiger- und Schuldnerautonomie im Insolvenzverfahren. In: Autonomie – Prozessrecht. Deutsch – ungarisches Kolloquium. Annales Universitatis Scientiarum Budapestinensis De Rolando Eötvös Nominate. Sectio Iuridica. Tomus LII, Budapest 2011, S. 121–132.

Alexy, Robert: Theorie der Grundrechte, 5. Auflage, Frankfurt am Main 2006.

Akrill, John L.: Aristoteles, Eine Einführung in sein Philosophieren, Berlin 1985.

Anlauf, Hans-Peter Philipp: Vorgänger der Rechtschuldbefreiung nach heutigem Insolvenzrecht, Von der landwirtschaftlichen Entschuldungsgesetzgebung der Weimarer Republik über die NS-Schuldenbereinigung zur heutigen Restschuldbefreiung, Berlin 2006.

Arbeitskreis für Insolvenz- und Schiedgerichtswesen e.V. Köln (Hrsg.): Kölner Schrift zur Insolvenzordnung, 3. Auflage, Münster 2009.

Balz, Manfred/Landfermann, Hans-Georg: Die neuen Insolvenzgesetze: Texte mit Einleitung, Begründung des Regierungsentwurfs, Bericht des Rechtsausschusses des deutschen Bundestages sowie ergänzende Hinweise, Verweisungen und Sachverzeichnis, Düsseldorf 1995.

Bauer, Joachim: Ungleichbehandlung der Gläubiger im geltenden Insolvenzrecht, Kiel 2006 (zitiert: *Bauer*, Ungleichbehandlung der Gläubiger, S.).

Bauer, Peter M.: Der Insolvenzplan, Untersuchung zur Rechtsnatur anhand der geschichtlichen Entwicklung, Berlin 2009 (zitiert: *Bauer*, Insolvenzplan, S.).

Baumbach, Adolf/Lauterbach, Wolfgang/Albers, Jan/Hartmann, Peter: Zivilprozessordnung, 72. Auflage, München 2014.

Baur, Fritz/Stürner, Rolf: Zwangsvollstreckungs-, Konkurs- und Vergleichsrecht, Ein Lehrbuch, Band II Insolvenzrecht, 12. Auflage, Heidelberg 1990.

Bähr, Rainer Forderungsprüfung und Tabellenführung, InVO 1998, S. 205–213.

Bähr, Rainer M./Smid, Stefan: Die Rechtsprechung des BGH zur neuen Insolvenzordnung 1999–2006, Berlin 2006.

Beck, Siegfried/Depré, Peter: Praxis der Insolvenz: Ein Handbuch für die Beteiligten und ihre Berater, München 2003.

Becker, Christoph: Insolvenzrecht, 2. Auflage, Köln/München 2008.

Berges, August Maria: Große oder Kleine Insolvenzrechtsreform, KTS 1955, S. 49–54.

Biehl, Kristof: Insider im Insolvenzverfahren, Herne/Berlin 2000.

Bittmann, Folker: Insolvenzstrafrecht: Handbuch für die Praxis, Berlin 2004.

Blasius, Torsten: IFRS, HGB und F & E, Besteuerung und Bilanzierung, Berlin 2006.

Blickle, Peter: Theorien kommunaler Ordnungen in Europa, Schriften des Historischen Kollegs, Bd. 36, München 1996.

Bork, Reinhard: Einführung in das Insolvenzrecht, 5. Auflage, Tübingen 2009.

Bork, Reinhard/Koschmieder, Kurt-Dieter: Fachanwaltsbuch Insolvenzrecht, Loseblattsammlung Stand Mai 2011.

Bötticher, Eduard: Funktionelle und instrumentale Züge des Konkursverfahrens, ZZP 86 Bd., S. 373–392.

Braun, Eberhardt: Insolvenzordnung, Kommentar, 4. Auflage, München 2010.

Brehm, Wolfgang: Freiwillige Gerichtsbarkeit, 4. Auflage, Stuttgart 2009.

Breuer, Wolfgang: Das Insolvenzrecht: Eine Einführung, 3. Auflage, München 2011.

Brox, Hans: Allgemeiner Teil des BGB, 34. Auflage, München 2010.

Büchmann, Georg: Geflügelte Worte. Der Citatenschatz des deutschen Volkes, 33. Auflage, Frankfurt a.M./Berlin/Wien 1981.

Carl, Oliver: Teilnahmerechte im Konkurs: Gerichtliche Verfahrensleitung, Rechte der Beteiligten und ihr Schutz im Insolvenzverfahren, Münster 1998.

Cranshaw, Friedrich: Einflüsse des europäischen Rechts auf das Insolvenzverfahren, in: Ehricke/Paulus (Hrsg.), Schriften zum Insolvenzrecht, Bd. 5, Baden-Baden 2006.

Dabelow, Christoph Christian: Ausführliche Entwicklung der Lehre vom Concurse der Gläubiger, Halle 1801.

Delzant, Ellen/Ehret, Patrick: Die Reform des französischen Insolvenzrechts zum 15.02.2009, ZInsO 2009, S. 990–996.

Dünz, Ulrich: Beschlüsse einer Gläubigerversammlung bei mangelnder Teilnahme der Gläubiger, NZI 2000, S. 57–62.

Eckhardt, Diederich: BezG Magdeburg EWiR § 15 GesO 1/92, S. 53–54.

Ehricke, Ulrich: Beschlüsse einer Gläubigerversammlung bei mangelnder Teilnahme der Gläubiger, NZI 2000, S. 57–62.

Endemann, Wilhelm: Die Entwicklung des Konkursverfahrens in der gemeinrechtlichen Lehre bis zu der Deutschen Konkursordnung vom 12. Februar 1877, ZZP XII (1888), S. 24–96.

Epping, Volker: Grundrechte, 5. Auflage, Heidelberg 2012.

Fletcher, Ian F.: Insolvency in International Private Law – National and International Approaches, Oxford 1999.

Flume, Werner: Das Rechtsgeschäft, 4. Auflage, Berlin 1992.

Foerste, Ulrich: Insolvenzrecht, 4. Auflage, München 2008.

Forster, Wolfgang: Konkurs als Verfahren, Francisco Salgado de Somoza in der Geschichte des Insolvenzrechts, Böhlau 2009.

Förster, Karsten: Klartext: Inquisator oder Don Quijote?! Zu Anspruch und Praxis der Gläubigerschutzvereinigung Deutschland e.V. (GSV), ZInsO 2011, S. 1593–1594.

Franke, Karl/Burger, Armin: Richter und Rechtspfleger im Insolvenzverfahren – Zur Zuständigkeitsabgrenzung insbesondere bei der Vergütungsfestsetzung, NZI 2001, S. 403–406.

Freesen, Oliver: Rechtsweggarantie und Insolvenzrecht – Zum Rechtsschutz im Insolvenzverfahren, Hamburg 2011.

Frind, Frank: Problemanalyse zum RefE „ESUG" – Teil 1, ZInsO 2011, S. 373–381 (zitiert: *Frind*, ZInsO 2011, S.).

Frind, Frank: Die Gläubigermitbestimmung bei der Verwalterauswahl und das „Zeitkorridor-Problem", ZInsO 2011, S. 757–764 (zitiert: *Frind*, ZInsO 2011, S.).

Frind, Frank: Prüfstand: Neue Vorschläge zur Steigerung der Effizienz des Insolvenzverfahrens, ZInsO 2011, S. 1569–1576 (zitiert: *Frind*, ZInsO 2011, S.).

Frind, Frank: Auf Null gesetzt?, ZInsO 2011, S. 1726–1730 (zitiert: *Frind*, ZInsO 2011, S.).

Frind, Frank: Die Praxis fragt, „ESUG“ antwortet nicht, ZInsO 2011, S. 2249–2261 (zitiert: *Frind*, ZInsO 2011, S.).

Gaul, Hans Friedhelm: Zur Struktur des Zwangsvollstreckung, Rechtspfleger 1971, S. 1.

Gerhardt, Walter: Insolvenzrechtsreform – eine Herausforderung der Anwaltschaft?, ZPR 1987, S. 163–167.

Gerhardt, Walter: Aspekte zur Wechselwirkung zwischen Konkursrecht und Wirtschaftsleben, S. 181–196, in Festschrift für Friedrich Weber zum 70. Geburtstag, Berlin 1975.

Gerloff, Christian: Funktionen und Aufgabe des Insolvenzgerichts, Baden-Baden 2008.

Graf-Schlicker, Marie-Luise: Kommentar zur Insolvenzordnung, 3. Auflage, Köln 2012.

Gravenbrucher Kreis: Stellungnahme zu den Reformvorschlägen der Kommission für Insolvenzrecht, BB 1986, Beilage 15/1986.

Gogger, Martin: Insolvenzrecht, 2. Auflage, München 2006.

Gottwald, Peter: Insolvenzrechts-Handbuch, 4. Auflage, München 2010.

Hahn, Carl/Mugdan, Benno: Die gesamten Materialien zu den Reichsjustizgesetzen, Band 4: Materialien zur Konkursordnung, Berlin 1881, Neudruck Aalen 1983.

Hänel, Robert: Gläubigerautonomie und das Insolvenzplanverfahren, Berlin 2000.

Haarmeyer, Hans: Gläubigerrechte in Krise und Insolvenz – Vom rechtlichen Können zur praktischen Umsetzung, ZInsO 2010, S. 1978–1985 (zitiert: *Haarmeyer*, ZInsO 2010, S.).

Haarmeyer, Hans: Die Ordnungsausgabe des Insolvenzrechts und ihre praktische Umsetzung im Insolvenzeröffnungsverfahren in: Ganter, Hans Gerhard/Gottwald Peter/Lwowski, Hans-Jürgen (Hrsg.) Haftung und Insolvenz, Festschrift für Gero Fischer zum 65. Geburtstag, München 2008, S. 193–208 (*Haarmeyer*, in : Festschrift für Fischer, S.).

Haarmeyer, Hans/Wutzke, Wolfgang/Förster, Karsten: Handbuch zur Insolvenzordnung, 3. Auflage, München 2001.

Haarmeyer, Hans/Wutzke, Wolfgang/Förster, Karsten: Insolvenzordnung, Kommentar, 2. Auflage, Köln 2012.

Haarmeyer, Hans/Horstkotte, Martin: Die „Einsetzungsbremsen" des § 22a Abs. 3 InsO und ihre Umsetzung in die Praxis, ZInsO 2012, S. 1441–1449.

Happe, Eike: Die Rechtsnatur des Insolvenzplans, Köln 2004.

Hartmann-Wendels, Thomas/Pfingsten, Andreas/Weber, Martin: Bankbetriebslehre, 4. Auflage, Berlin et al. 2007.

Häsemeyer, Ludwig: Insolvenzrecht, 4. Auflage, Köln/München 2007 (zitiert: *Häsemeyer*, Insolvenzrecht, S.).

Häsemeyer, Ludwig: Die Erzwingung richterlicher Entscheidungen, mögliche Reaktionen auf Justizverweigerung, in: Pawloski, Hans-Martin/Wieacker, Franz (Hrsg.) Festschrift für Karl Michaelis zum 70. Geburtstag, Göttingen 1972, S. 134 ff (zitiert: *Häsemeyer*, in: Festschrift für Michaelis, S.).

Heese, Michael: Gläubigerinformation in der Insolvenz: Eine vergleichende Untersuchung des U.S.-amerikanischen und deutschen Rechts zur Verbesserung des Gläubigerschutzes im Insolvenzverfahren, Tübingen 2008.

Heeseler, Markus/Neu, Peter: Plädoyer für die Professionalisierung des Gläubigerausschusses, NZI 2012, S. 440–446.

Hegmanns, Ekkehardt: Der Gläubigerausschuß, Köln 1997.

Hellmann, Friedrich: Lehrbuch des deutschen Konkursrechts, Berlin 1907.

Henckel, Wolfram: Fehler bei der Eröffnung des Insolvenzverfahrens – Abhilfe und Rechtsmittel, ZIP 2000, S. 2045–2053 (zitiert: *Henckel*, ZIP 2000, S.).

Henckel, Wolfram: Wert und Unwert juristischer Konstruktionen im Konkursrecht, in: Bökelmann, Erhard/Henckel, Wofram/Jahr, Günther (Hrsg.) Festschrift für Friedrich Weber zum 70. Geburtstag, Berlin 1975 (zitiert: Henckel, in: Festschrift für Weber, S.).

Henke, Johannes: Effektivität der Kontrollmechanismen gegenüber dem Unternehmensinsolvenzverwalter, Eine Untersuchung des deutschen und englischen Rechts, Tübingen 2009.

Henzen, Walter: Deutsche Wortbildung, 3. Auflage, Tübingen 1965.

Hess, Harald: Kommentar zur Konkursordnung, 5. Auflage, Berlin 1995.

Hess, Harald/Obermüller, Manfred: Die Rechtsstellung der Verfahrensbeteiligten, Heidelberg 1996.

Holzer, Johannes: Die Entscheidungsträger im Insolvenzverfahren, Köln 1998.

Holzer, Johannes/Kleine-Cosack, Michael/Prütting, Hanns: Die Bestellung des Insolvenzverwalters, Köln 2001.

Horn, Norbert: Einführung in die Rechtswissenschaft und Rechtsphilosophie, 6. Auflage, Heidelberg 2011.

Höver, Karl: Zur Rechtserneuerung im Konkursverfahren, Deutsche Justiz, Rechtspflege und Rechtspolitik, Amtliches Blatt der deutschen Rechtspflege 1935, S. 513–518.

Hufen, Friedhelm: Staatsrecht II: Grundrechte, 3. Auflage, München 2011.

Huntemann, Eva-Maria/Brockdorff, Christin: Der Gläubiger im Insolvenzverfahren, Berlin 1999.

Jackson, Thomas H.: The Logic and Limits of Bankruptcy Law, Harvard University Press, Cambridge, Massachusetts and London, England 1986.

Jaeger, Ernst: Lehrbuch des Deutschen Konkursrechts, 8. Auflage, Berlin/Leipzig 1932 (zitiert: *Jaeger*, Lehrbuch des Deutschen Konkursrechts, S.).

Jaeger, Ernst: Konkursordnung, 8. Auflage, Berlin/New York 1973 (zitiert: *Jaeger*, KO, S.).

Jaeschke, Mark: Anmeldung und Feststellung von Forderungen im Insolvenzverfahren, Göttingen 2011.

Jarass, Hans/Pieroth, Bodo: Grundgesetz für die Bundesrepublik Deutschland, 12. Auflage, München 2012.

Jellinek, Georg: Allgemeine Staatslehre, 3. Auflage, Berlin 1922.

Kaser, Max: Römisches Privatrecht: Ein Studienbuch, München 1981.

Kehe, Thomas/Meyer, Lars-Michael/Schmerbach, Ullrich: Anmeldung und Feststellung einer Forderung aus vorsätzlich begangener unerlaubter Handlung – Teil 1, ZInsO 2002, S. 615–618.

Keidel, Theodor/Kuntze, Joachim/Winkler, Karl: Freiwillige Gerichtsbarkeit, 13. Auflage, München 1992.

Keiser, Thorsten: Eigentumsrecht im Nationalsozialismus und Fascismo, Beiträge zur Rechtsgeschichte des 20. Jahrhunderts 2005.

Kersting, Andrea: Die Rechtsstellung der Gläubiger im Insolvenzplanverfahren, München 1999.

Kiesbye, Levke: Die Hemmung der Verjährung durch Anmeldung einer Forderung im Insolvenzverfahren, Baden-Baden 2012.

Kilger, Joachim/ Schmidt, Karsten: Insolvenzgesetze KO/VglO/GesO, 17. Auflage, München 1997.

Kind, Thomas/Herzig, Dirk: Bestrittene Forderung, Stimmrecht, Festsetzung des Stimmrechts, Insolvenzgericht, EWIR 2006, S. 175–176.

Köbler, Ulrike: Werden, Wandel und Wesen des deutschen Privatrechtswortschatzes, Frankfurt am Main 2010.

Körte, Wilhelm: Die Sprichwörter und sprichwörtlichen Redensarten der Deutschen, Leipzig 1837.

Kohler, Josef: Leitfaden des Deutschen Konkursrechts, Stuttgart 1893 (zitiert: *Kohler*, Leitfaden des Deutschen Konkursrechts, S.).

Kohler, Josef: Lehrbuch des Konkursrechts, Stuttgart 1891 (zitiert: *Kohler*, Lehrbuch des Konkursrechts, S.).

Kohler, Josef/Wenger, Leopold: Orientalisches Recht und Recht der Griechen und Römer, Nachdruck des Originals von 1914, Paderborn 2012.

Kollhosser, Helmut: Zur Stellung und zum Begriff der Verfahrensbeteiligten im Erkenntnisverfahren der freiwilligen Gerichtsbarkeit, München 1070.

Kreft, Gerhardt: Insolvenzordnung, 6. Auflage, Heidelberg 2011.

Krumm, Marcel: Steuervollzug und formelle Insolvenz, Frankfurt 2009.

Kunkel, Wolfgang/Schermeier, Martin Josef: Römische Rechtsgeschichte, 14. Auflage Stuttgart 2008.

Kübler, Bruno/Prütting, Hanns/Bork, Reinhard: Kommentar zur Insolvenzordnung, Loseblattsammlung, (Stand August 2013).

Larenz, Karl: Methodenlehre der Rechtswissenschaft, 3. Auflage, Berlin 1995.

Leipold, Dieter: Insolvenzrecht im Umbruch: Analysen und Alternativen, Köln 1991.

Leonard, Peter/Smid, Stefan/Zeuner, Mark: Insolvenzordnung, 3. Auflage Stuttgart 2010.

Levy, Leopold: Gläubigerschutz im Gläubigerausschuß, Konkurs- und Treuhandwesen 1928, S. 43–45.

Luhmann, Niklas: Legitimation durch Verfahren, 3. Auflage, Frankfurt am Main 1993.

Madaus, Stephan: Der Insolvenzplan: von seiner dogmatischen Deutung als Vertrag und seiner Fortentwicklung in der der Bestätigungsinsolvenz, Tübingen 2011.

Maunz, Theodor/Dürig, Günter: Grundgesetz, Loseblattsammlung (Stand Mai. 2013) München.

Maunz, Theodor/Schmidt-Bleibtreu, Bruno/Klein, Franz/Bethge, Herbert: Bundesverfassungsgerichtsgesetz Loseblattsammlung (Stand Febrar 2013) München.

Meier, Anke: Die Geschichte des deutschen Konkursrechts, insbesondere die Entstehung der Reichskonkursordnung von 1877, Frankfurt am Main 2003.

Mohrbutter, Harro/Ringstmeier, Anderas: Handbuch der Insolvenzverwaltung, 8. Auflage, München 2007.

Musielak, Hans-Joachim: Grundkurs ZPO, 9. Auflage, München 2007 (zitiert: *Musielak*, Grundkurs ZPO, S.).

Musielak, Hans-Joachim: Kommentar zur Zivilprozessordnung, 9.Auflage, München 2012 (zitiert: *Musielak*, ZPO, S.).

Neumann, Friedrich: Die Gläubigerautonomie im künftigen Insolvenzverfahren, Bielefeld 1996.

Nerlich, Jörg/Römermann, Volker: Insolvenzordnung, Loseblattsammlung (Stand Aug. 2012) München.

Nikoloulos, Alexander: Das antike Athen, Mannheim 2004.

Oelerichs, Carsten: Gläubigermitwirkung und Stimmverbote im neuen Insolvenzverfahren, Dissertation, Hamburg et al. 1999.

Oetker, Friedrich: Konkursliche Grundbegriffe Bd. I, Stuttgart 1891.

Palandt, Otto: Bürgerliches Gesetzbuch, 72. Auflage, München 2013.

Pape, Gerhard: Gläubigerbeteiligung im Insolvenzverfahren, Berlin 2000 (zitiert: *Pape*, Gläubigerbeteiligung, S.).

Pape, Gerhard: Zur Problematik der Unanfechtbarkeit von Stimmrechtsfestsetzungen in der Gläubigerversammlung, ZIP 1991, S. 837–850 (zitiert: *Pape*, ZIP 1991, S.).

Pape, Gerhard: Stimmrechtsfestsetzungen in der Gläubigerversammlung, KTS 1993, S. 31–38. (zitiert: *Pape*KTS 1993, S.).

Pape, Gerhardt: BezG Leipzig EWiR § 15 GesO 2/92, S. 1197–1198 (zitiert: *Pape*, BezG Leipzig EWiR § 15 GesO 2/92, S.).

Pape, Gehard: Ungeschriebene Kompetenzen der Gläubigerversammlung versus Verantwortlichkeit des Insolvenzverwalters, NZI 2006, S. 65–72 (zitiert: *Pape*, NZI 2006, S.).

Pape, Gerhard/Gundlach, Ulf/Vortmann, Jürgen: Handbuch der Gläubigerrechte, 2. Auflage, Köln 2011.

Pape, Gerhardt/Uhlenbruck, Wilhelm: Insolvenzrecht, München 2002.

Pasquay, Hans: Die Rechtsstellung der Gläubigerversammlung im Konkurse und ihre Befugnisse, ZHR 65 (1909), S. 409–442.

Patzner, Andreas: Streifzüge durch die antike Welt: Ein historisches Lesebuch, 3. Auflage, 1994 München.

Pawloski, Hans-Martin: Aufgabe des Zivilprozesses, ZZP 80 Bd., S. 345–391 (zitiert: *Pawlowski*, ZZP 80 Bd., S.).

Pawloski, Hans-Martin: Zur Auslegung der Insolvenzordnung, DZWIR 2001, S. 45–56 (zitiert: *Pawlowski*, DZWIR 2001, S.).

Plathner, Jan Markus/Sajogo, Dirk: Das Stimmrecht in der Gläubigerversammlung, ZInsO 2011, S. 1090–1094.

Prütting, Hanns: Die Abwahl des Insolvenzverwalters: Von der Gläubigerautonomie zur Groß- Gläubigerautonomie, in: Insolvenzrecht 2000, 29, 34.

Prütting, Hanns/Gehrlein, Markus: ZPO Kommentar, 3. Auflage, Köln 2011.

Rapp, Christoph: Aristotelis zur Einführung, Hamburg 2005.

Rattunde, Rolf: Fachberater für Sanierung und Insolvenzverwaltung (DstV e.V.), Berlin 2011.

Rechel, Hans-Peter: Die Aufsicht des Insolvenzgerichts über den Insolvenzverwalter, Berlin 2009.

Reischl, Klaus: Insolvenzrecht, Heidelberg 2008.

Riedemann, Susanne: Zur Entwicklung des Konkursrechts seit Inkrafttreten der Konkursordnung unter dem Aspekt der Gläubigerautonomie, Tübingen 2009.

Rüping, Hinrich: Verfassungs- und Verfahrensrecht im Grundsatz des rechtlichen Gehörs, NVwZ 1985, S. 304–309.

Savingny, Friedrich Carl: System des heutigen Römischen Rechts Band I, Berlin 1840.

Sawang, Judith: Geheimhaltung und rechtliches Gehör im Schiedsverfahren nach deutschem Recht, Tübingen 2010.

Schack, Haimo: BGB Allgemeiner Teil, 13. Auflage, Heidelberg 2011.

Schmidt, Andreas: Hamburger Kommentar zum Insolvenzrecht, 4. Auflage, Hamburg 2012.

Schmidt, Karsten: Insolvenzordnung, 18. Auflage, München 2013.

Schmidt, Jessica: Eurofood – Eine Leitentscheidung un ihre Rezeption in Europa und den USA, ZIP 2007, S. 405–410.

Schmidt-Bleibtreu, Bruno/Hofmann, Hans/Hopfauf, Alex: Kommentar zum Grundgesetz, Köln/München 2008.

Schmidt, Richard: Buchbesprechung ZZP XXIX, S. 535–549.

Schoan, Hans: Gläubigermacht oder Richtermacht im Konkurs- und Vergleichsordnung. Deutsche Juristen-Zeitung 1933, 1621.

Schönke, Fritz/Baur, Adolf: Zwangsvollstreckungs-, Konkurs- und Vergleichsrecht, 10. Auflage, Karlsruhe 1978.

Schumann, Paul: Gedanken über die Reform der Konkursordnung., Deutsche Justiz, Rechtspflege und Rechtspolitik, Amtliches Blatt der deutschen Rechtspflege 1935, S. 1210–1217.

Schuster, Stephan: Das Seedarlehen in den Gerichtsreden des Demosthenes: Mit einem Ausblick auf die weitere historische Entwicklung des Rechtsinstitutes: dáneion nautikón, fenus nauticum und Bodmerei, Berlin 2005.

Seichter, Emil: Die „Gläubigerschaft" im Konkurse, Schiltigheim i. E. 1908.

Seide, Christian/Brosa, Christine: Das Auswahlverfahren für Insolvenzverwalter im Lichte der Gläubigerautonomie, ZInsO 2008, S. 769–776.

Seuffert, Lothar: ZZP XXIX (1901) S. 535–549.

Siemon, Klaus: Ein Verlust der richterlichen Entscheidungsfreiheit des Insolvenzrichters und der Unabhängigkeit des Insolvenzverwalters verstößt gegen Art. 14 GG, ZInsO, 2011, S. 381–386.

Smid, Stefan: Stärkung der Gläubigereinflusses und die Bestellung des Insolvenzverwalters im Spiegel der mit dem RegE ESUG vorgesehenen Neuregelungen, WPG 2011, S. 8 (zitiert: *Smid*, WPG 2011, S.).

Smid, Stefan: Handbuch Insolvenzrecht, 6. Auflage, Berlin 2012 (zitiert: *Smid*, Handbuch Insolvenzrecht, § Rn.).

Smid, Stefan: Kreditsicherheiten in der Insolvenz, 2. Auflage, Stuttgart 2008 (zitiert: *Smid*, Kreditsicherheiten in der Insolvenz, § Rn.).

Smid, Stefan: Sofortige Beschwerde des nach § 57 InsO neugewählten Insolvenzverwalters gegen den unter Verletzung von Amtsermittlungspflichten erlassenen Beschluss über die Vergütung des abgewählten Verwalters, ZInsO 2009, S. 650–653 (zitiert: *Smid*, ZInsO 2009, S.).

Smid, Stefan: Auf der „Spanischen Straße" in das Labyrinth des Konkurses, in: Ganter, Hans Gerhard/Gottwald Peter/Lwowski, Hans-Jürgen (Hrsg.) Haftung und Insolvenz, Haftung und Insolvenz, Festschrift für Gero Fischer zum 65. Geburtstag, München 2008, S. 489–507 (zitiert: *Smid*, Festschrift für Fischer, S.).

Smid, Stefan: Rechtsmittel gegen Eingriffe in Teilnahmerechte Verfahrensbeteiligter durch das Insolvenzgericht, KTS 1993, S. 1–29 (zitiert: *Smid*, KTS 1993, S.).

Smid, Stefan: Rechtsprechung: Zur Unterscheidung von Rechtsfürsorge und Prozeß, Prozeßrechtliche Abhandlungen Heft 74, 1990 (zitiert: *Smid*, Rechtsprechung, S.).

Smid, Stefan: „Rechtsschutz" gegen den Insolvenzrichter, DZWIR 2004, S. 359–367 (zitiert: *Smid*, DZWIR2004, S.).

Smid, Stefan: Deutsches und Europäisches Internationales Insolvenzrecht 2004 (zitiert: *Smid*, Deutsches und Europäisches Internationales Insolvenzrecht).

Smid, Stefan/Rattunde, Rolf: Der Insolvenzplan, 2. Auflage, Stuttgart 2005.

Spann, Michael: Der Haftungszugriff auf den Schuldner zwischen Personal- und Vermögensvollstreckung – Eine exemplarische Untersuchung der geschichtlichen Rechtsquellen ausgehend vom Römischen Recht bis ins 21. Jahrhundert unter besonderer Berücksichtigung bayrischer Quellen, Augsburg 2004.

Sponagel, Maximilian: Gläubigerinformation im Insolvenzverfahren – Informationspflichten des Insolvenzverwalters gegenüber dem Gläubiger, DZWIR 2011, S. 270–276.

Starnecker, Hermann: Englische Insolvenzverfahren, Frankfurt a.M. 1995.

Steinwachs, Torsten: Die Wahl des vorläufigen Insolvenzverwalters durch den (vorläufigen) vorläufigen Gläubigerausschuss nach dem „ESUG", ZInsO 2011, S. 410–418.

Stracke, Dorothée: Zur Übertragbarkeit des zivilrechtlichen Überschuldungsbegriff in das Strafrecht, Berlin 2007.

Szántó, Emil: Untersuchung über das attische Bürgerrecht, Paderborn 2012.

Thole, Christoph: Treuepflicht-Torpedo? Die gesellschaftsrechtliche Treuepflicht im Insolvenzverfahren, ZIP 2013, 1937–1945.

Thomas, Heinz/Putzo, Hans: Zivilprozessordnung, 32. Auflage, München 2011.

Tkatchenko, Nikita: Anerkennung der Restschuldbefreiung nach der EuInsVO: Unter Berücksichtigung der Auswirkungen der Reform der Restschuldbefreiung, Düsseldorf 2009.

Trams, Kai: Die Gläubigerversammlung: Einberufung und Beschlussfassung, NJW 2010, S. 469–470.

Uhlenbruck, Wilhelm: Insolvenzordnung, 13. Auflage, München 2010 (zitiert: *Uhlenbruck*, InsO, S.).

Uhlenbruck, Wilhelm: Zur Geschichte des Konkurses, DZWIR 2007, S. 1–5 (zitiert: *Uhlenbruck*, DZWIR 2007, S.).

Uhlenbruck, Wilhelm: Das Bild des heutigen Insolvenzrichters, in: Ganter, Hans Gerhard/Gottwald Peter/Lwowski, Hans-Jürgen (Hrsg.) Haftung und Insolvenz, Festschrift für Gero Fischer zum 65. Geburtstag, München 2008, S. 509–534 (zitiert: *Uhlenbruck*, Festschrift für Fischer, S.).

Uhlenbruck, Wilhelm: Aus- und Abwahl des Insolvenzverwalter, KTS 1989, S. 229–252 (zitiert: *Uhlenbruck*, KTS 1989, S.).

Uhlenbruck, Wilhelm: Einhundert Jahre Konkursordnung 1877–1977, Einhundert Jahre Konkursordnung, 1877–1977: Festschrift des Arbeitskreises für Insolvenz- u. Schiedsgerichtswesen e.V. Köln zum Einhundertjährigen Bestehen der Konkursordnung vom 10. Februar 1877 (zitiert: *Uhlenbruck*, Einhundert Jahre Konkursordnung, S.).

Vielsäcker, Fabian: Der Amtsbesitz des Insolvenzverwalters, Frankfurt am Main et al., 2013.

Vollmershausen, Christiane E: Vom Konkursprozess zum Marktbereinigungsverfahren: das deutsche Konkursverfahren vom Jahr 1700 bis heute; eine exemplarische Untersuchung, Münster 2007.

Wacke, Andreas: Audiatur et altera pars; zum rechtlichen Gehör im römischen Zivil- und Strafprozeß, in: Festschrift Wolfgang Waldstein, hrsg. von Martin Josef Schermaier und Zoltán Végh, Stuttgart 1993.

Weber, Friedrich: Fragen der Gestaltung des Konkursverfahrens in rechtspolitischer und rechtsvergleichender Sicht, KTS 1959, S. 79–88.

Wedde, Rainer: Der Insolvenzverwalter im russischen und deutschen Recht: Bestellung, Befugnisse, Bezahlung, Kiel 2004.

Weiland, Stefan: Par conditio creditorum, Dissertation 2010.

Wellensiek, Jobst: Ein Jahr Insolvenzordnung – Erste Praxiserfahrungen mit dem neuen Recht, BB 2000, S. 1–8.

Wenner, Christian/Schuster, Michael: Zum Jahresende: Die Hemmung der Verjährung durch die Anmeldung von Forderungen im Insolvenzverfahren, BB 2006, S. 2649–2653.

Wenzel, Jörg: Die streitige Stimmrechtsfeststellung in der Gläubigerversammlung durch das Insolvenzgericht, ZInsO 2007, S. 751–754.

Werres, Stefan: Grundrechtsschutz in der Insolvenz, Schriftenreihe der Hochschule Speyer, Bd. 183, Berlin 2007.

Willemsen, Reinhard/Rechel, Janine: Insolvenzrecht im Umbruch – ein Überblick über den RegE- ESUG, BB 2011, S. 843–840.

Wimmer, Klaus: Das neue Insolvenzrecht nach der ESUG-Reform, Köln 2012.

Wimmer, Klaus/Stenner, Alexander: Lexikon des Insolvenzrechts, 1999.

Wolf, Manfred: Richter und Rechtspfleger im Zivilverfahren, ZZP 1986, S. 361–406.

Zippelius, Reinhold: Recht und Gerechtigkeit in der offenen Gesellschaft, 2. Auflage, Berlin 1996.

Zipperer, Helmut: Das Insolvenzverfahrensrecht – Disziplin oder Disziplinlosigkeit?, NZI 2012, S. 385–394.

Zöller, Richard: Zivilprozessordnung, 28. Auflage, Köln 2010.

Zuleger, Ralf: Was wollen Gläubiger? NZI 2011, S. 136–137.

Schriftenreihe des Centrum für Deutsches und Europäisches Insolvenzrecht Kiel

Herausgegeben von Stefan Smid, Silke Wehdeking und Mark Zeuner

Band 1 *in Vorbereitung*

Band 2 Sebastian Wilhelm Deichgräber: Gesellschaftsrechtliche Sitzverlegungen und haftungsrechtliche Begründungen internationaler insolvenzrechtlicher Zuständigkeiten. Zugleich ein Beitrag zur Verwendung in der Judikatur. 2012.

Band 3 Malte Engeler: Die zweigliedrige Personengesellschaft in der Insolvenz. 2012.

Band 4 Sebastian Müller: Verhandlungsgesteuerte Sanierung durch den prepackaged plan. Das Planinitiativrecht des Schuldners aus § 218 Abs. 1 S. 2 InsO als Ausgangspunkt steuer- und planbarer Gestaltungsprozesse. 2013.

Band 5 Christoph Pabst: Materielle Insolvenz – Die retrograde Ermittlung der Zahlungsunfähigkeit. 2013.

Band 6 Torsten Martini: Die Anfechtbarkeit der Zahlung der Vergütung des vorläufigen Insolvenzverwalters im Zweitverfahren. 2014.

Band 7 Stefan Smid: Zivilgerichtliche Verfahren. Grundlagen des Zivilprozesses und der Freiwilligen Gerichtsbarkeit. Ein Studienbuch. 2014.

Band 8 Philipp Schlenkhoff: Insolvenzgründe, Prognose und Antragspflicht. 2014.

Band 9 Alexander Bluhm: Die Anwendbarkeit und Auswirkungen der EU-Dienstleistungsrichtlinie auf Auswahl und Bestellung des Insolvenzverwalters. 2014.

Band 10 Karsten Andresen: Die objektiven Kriterien der Zahlungsunfähigkeit nach der Rechtsprechung des BGH und dem IDW. 2014.

Band 11 Rebecca Wolff: Stimmrechte im Insolvenzverfahren. 2014.

www.peterlang.com

www.ingramcontent.com/pod-product-compliance
Ingram Content Group UK Ltd.
Pitfield, Milton Keynes, MK11 3LW, UK
UKHW021855290926
8980IPUK00005B/848

9 783631 654118